JAGUAR E-TYPE

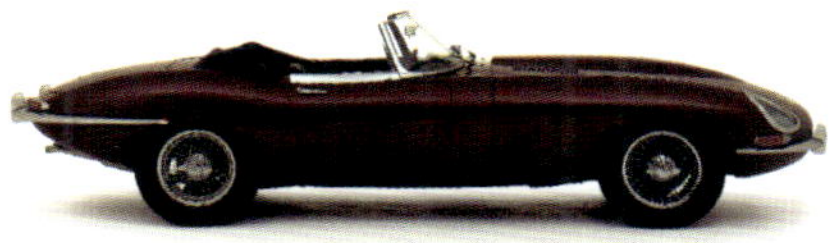

JAGUAR E-TYPE

O esportivo mais sensual do mundo

NIGEL THORLEY

Tradução de
Luiz M. Leitão da Cunha

EDITORA ALAÚDE

Título original: *Jaguar E-Type – A celebration of the world's favourite '60s icon*

O texto deste livro foi fixado conforme o acordo ortográfico vigente no Brasil desde 1º de janeiro de 2009.

Projeto gráfico: Bruce Aiken

Preparação: Temas e Variações Editoriais

Revisão: Olga Sérvulo, Fernando Garcia

Consultoria técnica: Bob Sharp

1ª edição, 2013

Impresso na China

Dados Internacionais de Catalogação na Publicação (CIP)
(Câmara Brasileira do Livro, SP, Brasil)

Thorley, Nigel
Jaguar E-type: o esportivo mais sensual do mundo / Nigel Thorley; [tradução de Luiz M. Leitão da Cunha]. São Paulo: Alaúde Editorial, 2012.
Título original: Jaguar E-Type: a celebration of the world's favourite '60s icon
ISBN 978-85-7881-136-5

1. Automobilismo 2. Jaguar E-type (Automóvel) I. Título.

12-11983 CDD-629.22209

Índice para catálogo sistemático:
1. Automóveis Jaguar E-type: Tecnologia: História 629.22209
2. Jaguar E-type : Automóveis: Tecnologia: História 629.22209

Alaúde Editorial Ltda.
Rua Hildebrando Thomaz de Carvalho 60
São Paulo SP 04012-120
Tel.: (11) 5572-9474 e 5579-6757
www.alaude.com.br

CRÉDITOS DAS FOTOGRAFIAS

Revista *Autocar* 20-21 acima.
Revista *Classic & Sports Car* 121 à direita; 126-127 acima; 128-129 acima; 130; 132-133; 136-137 acima; 142-143 acima e acima à direita.
Michael Cole 171 acima.
John Colley 22-23; 28 à direita e abaixo à esquerda; 29; 30-31 acima; 31 abaixo centro; 36; 37 foto principal e abaixo à esquerda; 38-44; 45 abaixo à esquerda e à direita; 46-51; 56 acima; 57 acima; 62-63; 67 à direita; 68; 69 abaixo; 70 acima; 81; 82-83 abaixo centro; 86-87 foto principal; 90-94; 95 acima à esquerda e abaixo; 98-99; 104-105; 106 abaixo; 107 acima à esquerda e abaixo; 114; 172-174.
Paul Debois 11 acima.
Peter Griffiths 167 abaixo à direita.
Arquivos Jaguar 7-9; 10 abaixo; 11 abaixo; 12-17; 18 abaixo; 20 esquerda; 21 abaixo centro; 24; 25 acima à esquerda; 26 abaixo à esquerda e à direita; 27; 30 abaixo; 31 abaixo à esquerda; 32-35; 37 abaixo à direita; 53 à direita; 54; 55 abaixo à direita; 71-73; 76; 78-80; 82-83 à esquerda; acima e à direita; 85 acima e abaixo à esquerda; 87 acima; 88 abaixo; 95 à direita; 96-97; 101; 102-103 par acima; 106 par acima; 107 par acima; 108-113; 115; 118-120; 121 à esquerda; 123-125; 127 abaixo; 131; 136 abaixo à esquerda; 139; 141; 143 abaixo à esquerda e à direita; 144; 145 acima e abaixo à direita; 146 acima; 154; 157 par acima; 161.
Midsummer Books 52-53 acima à esquerda; 64-65 acima e abaixo; 74-75; 116-117; 126 abaixo; 134 acima; 134-135 abaixo; 148-149; 150-151 abaixo; 155-156; 157 abaixo; 158-160.
Mirrorpix 179 abaixo à esquerda.
Revista *Motor* 18-19 acima; 26 acima.
Paul Skilleter 151 acima; 152; 153 abaixo à esquerda; 162-166; 167 acima.
Nigel Thorley 6; 25 acima à direita e abaixo; 28 centro à esquerda; 31 abaixo à esquerda; 45 acima; 55 acima; 56 abaixo; 57 abaixo; 58-61; 64 acima; 66; 70 abaixo; 77; 85 abaixo à direita; 89; 100; 103 abaixo; 122; 128 abaixo; 129 abaixo; 135 acima; 136; 137 abaixo centro; 138; 140; 145 à esquerda; 146 abaixo; 147; 153 acima e abaixo à direita; 167 abaixo à esquerda; 168-170; 171 abaixo à esquerda e à direita; 175-178; 179 superior; acima e abaixo à direita; 180-183.

Sumário

	Introdução	6
	Projeto e desenvolvimento	8
	Série 1 3,8-litros 1961-1964	22
1961	Um lançamento sensacional	24
1962	Os dois estilos de carroceria	36
1963	A lenda cresce	52
	Série 1 4,2-litros 1964-1968	62
1964	Uma Série 1 muito aprimorada	64
1965	O E-type consolida sua posição	74
1966	Um novo modelo e uma nova companhia	78
1967	O último ano da aparência original	86
1968	A provisória Série 1½	90
	Série 2 4,2-litros 1968-1971	98
1969	Nova série, nova era	100
1970	Nova década, velha receita	112
	Série 3 5,3-litros 1971-1974	116
1971	Um motor novo e brilhante	118
1972	Duas novidades de uma vez	132
1973	A crise do petróleo e as regulamentações	138
1974	Edição especial de despedida	142
	E-types de corrida – Ontem e hoje	148
	Os Leves e outros E-types de corrida	150
	Comparação fotográfica	173
	Índice remissivo	176

Introdução

Se há algo com que todos os apaixonados por automóveis concordam é que o E-type mereceu o título de "grande carro" quando foi lançado em 1961 e continua merecendo nos dias atuais. Se houvesse qualquer dúvida a esse respeito, bastaria observar a reação das pessoas ao vê-lo e notar a importância, ainda hoje, dada ao modelo pela própria Jaguar ao promover seus novos carros e sua tradição.

Ao carregar o nome *Jaguar*, o E-type mostra que tem uma excelente linhagem, uma invejável base desenvolvida com os C-types e D-types de corrida e um estilo ímpar tão moderno, impressionante e identificável atualmente quando na época de seu lançamento.

Esse carro teve um papel vital no desenvolvimento e sucesso da empresa, embora as cifras tenham sido mínimas se comparadas aos sedãs Jaguar atuais, mais lucrativos e mais comuns.

Tradição em carros esporte

O primeiro carro esporte produzido pela Jaguar foi o SS 100, no final dos anos 1930. Um sedã de chassi encurtado com uma carroceria arrojada de dois lugares, característica da época, ele mesmo assim cativou os motoristas esportivos. Embora sua produção fosse de poucas centenas, o SS 100 obteve sucesso em competições, carregando o então pouco conhecido nome Jaguar. Como sucessivos carros esporte Jaguar, ele ajudou a criar o reconhecimento e a classe característicos do fabricante. Outro Jaguar esportivo só viria a ser lançado no Salão de Earls Court de 1948, o XK120, mais um conceito para promover o novo motor de seis cilindros XK do que um veículo realmente destinado à produção por suas qualidades. No início, com uma carroceria fabricada em liga de alumínio, o XK120 se tornaria um sucesso mundial arrebatador, passando a ser produzido em grande escala com carroceria de aço. Esse excelente carro esporte levou a Jaguar a trilhar o caminho das competições em ralis e corridas patrocinadas com dedicação pela fábrica durante vários anos.

O XK120 foi a base do desenvolvimento dos carros de corrida C-type e, depois, D-type, que competiram com êxito em vários

O primeiro carro esporte Jaguar – o SS 100. Apesar da pequena quantidade produzida, este carro teve um grande efeito sobre as vendas de outros modelos SS e a imagem do fabricante. Visto aqui em um ambiente típico dos anos 1930, o SS 100 é o carro esporte de fim de semana e, ao mesmo tempo, o tradicional veículo de trabalho das classes mais altas.

O XK120, lançado em 1948, foi o primeiro Jaguar a usar o motor XK, que equiparia o E-type na geração seguinte.

O aspecto mais importante do sucesso pós-guerra da Jaguar foi, sem dúvida, o motor XK de seis cilindros – mais de 750 mil unidades foram produzidas. Embora mais conhecido por equipar duas gerações de carros esporte, o motor XK foi usado em 49 modelos Jaguar, além do emprego marítimo, militar e de outras aplicações civis. A ilustração mostra um dos primeiros exemplares produzidos, que equipava o sedã Mk VII e o XK120.

Os animados anos 1960 prenunciaram uma nova era para a indústria automobilística britânica e para a Jaguar. É difícil imaginar esta mulher sentada confortavelmente no carro usando este vestido!

circuitos, em especial, na famosa 24 Horas de Le Mans, na França. A Jaguar fez desta a sua corrida, com vitórias em 1951, 1953, 1955, 1956 e 1957. O carro esporte XK prosperou com o envolvimento da empresa nas competições e foi produzido até 1961, com as variantes sucessivas XK140 e XK150.

Apesar do sucesso nas corridas, os XKs ainda eram fabricados em quantidades pequenas, mal ultrapassando 30.000 carros em treze anos. Mesmo assim, este foi um modelo muito importante para a Jaguar, pois manteve as vendas dos esportivos de dois lugares durante os austeros anos 1950, quando o Reino Unido ainda se recuperava da Segunda Guerra Mundial.

A Jaguar entrou com força nos anos 1960. Embora houvesse retirado oficialmente seus carros das corridas em 1957, a imagem criada pelo sucesso nas competições se manteve durante os anos que se seguiram, e a capacidade técnica obtida com as corridas permitiu o desenvolvimento de uma linha inteira de novos carros.

A década de 1960 foi a melhor para a Jaguar. Um grande crescimento e novos modelos excelentes proporcionaram um recorde de vendas e permitiram a aquisição de grandes companhias, o que tornou a empresa poderosa na indústria automobilística britânica. Tudo isso foi conquistado com o fundador, Sir William Lyons (tornado cavaleiro em 1956), ainda no comando da empresa.

No final de 1959, após o bem-sucedido lançamento do sedã Mark II, um recordista de vendas, a Jaguar fez o anúncio de um novíssimo carro esporte, o E-type, no Salão de Genebra de 1961, que deu à marca um grande impulso publicitário. Poderíamos dizer que essa foi uma repetição do vitorioso lançamento do XK120, treze anos antes, mas foi muito mais que isso. Naquele ano, nenhum outro carro foi tão aclamado quanto o E-type.

Logo após o surgimento do E-type, houve o lançamento do carro-chefe da Jaguar, o sedã Mark X, que aproveitou o desenvolvimento do carro esporte e de sua engenharia: ele utilizou o mesmo motor, câmbio, sistema de suspensão e estilo de construção monobloco.

Com o tempo, o E-type, como qualquer outro carro, foi aprimorado e modificado, permanecendo por quase dez anos com o motor de seis cilindros. Então, em 1971, foi redesenhado para receber um novo motor Jaguar, o maravilhoso V-12 de 5,3 litros. Assim como o XK120 foi escolhido para o lançamento do motor de seis cilindros em 1948, o E-type foi o primeiro modelo equipado com esse novo motor de doze cilindros.

Ele foi produzido até 1974 e comercializado até fevereiro de 1975. No total, foram fabricados 72.500 carros em três séries, utilizando dois tipos de motor e três formatos de carroceria. Esse carro sensacional, que tantas pessoas desejaram ter, foi desaparecendo aos poucos em meio aos ataques de uma legislação muito exigente.

No entanto, o E-type não seria esquecido, já que nunca foi de fato submetido às indignidades sofridas pelos velhos carros. Em muito pouco tempo, ele se tornou um clássico, um ícone dos anos 1960. Ainda hoje, é um dos carros mais reconhecidos do mundo e um símbolo do melhor da Grã-Bretanha.

O E-type está vivo, e este livro é uma homenagem a ele.

Projeto e desenvolvimento

A Jaguar nunca tinha produzido carros esporte em massa e, sendo uma fabricante relativamente pequena para os padrões da indústria automobilística, não costumava ser a primeira a apresentar inovações técnicas. O XK120, embora fosse um carro brilhante em 1948, trazia poucas inovações de fato, mesmo que o conjunto tivesse um preço bem acessível e uma carroceria muito bonita. Ele reunia vários elementos em um desenho soberbo.

No entanto, apesar do constante aprimoramento, o modelo envelheceu – embora ainda vendesse bem – nos últimos anos de produção do XK150. A Jaguar precisava, com urgência, de um substituto, e apenas uma renovação do desenho dos anos 1940 não resolveria essa situação.

A linhagem D-type

O carro que trouxe tanto sucesso à Jaguar em meados dos anos 1950 nas pistas de corrida de todo o mundo daria origem a um carro esporte de rua nos anos 1960 – o E-type. Este D-type de nariz alongado está a caminho da vitória em Le Mans, em 1956, pilotado por Ron Flockhart e Ninian Sanderson.

Com seu lançamento, em 1954, o D-type redefiniu o carro esporte de corrida. Ele não apenas se mostraria um sucesso para a Jaguar por suas qualidades, como seria a base de um novíssimo carro esporte de produção que viria a se chamar E-type.

Na época, muito da tecnologia do D-type, como a construção monobloco (sem chassi), era ainda nova para todos os fabricantes, em especial para a Jaguar. O monobloco consistia numa espécie de balde que formava a cabine, e a ele era afixada toda a parte dianteira do carro, com um subchassi suportando o motor e a suspensão dianteira. A carroceria traseira era então instalada como um item removível que, em conjunto com a carroceria de alumínio, formava um carro muito mais leve.

E havia o estilo da carroceria, tão bem esculpida por Malcolm Sayer. O princípio era simples, ser o mais aerodinâmico possível, uma coisa trivial hoje em dia, mas rara no projeto dos carros nos anos 1950. O resultado foi o carro de maior eficiência aerodinâmica de seu tempo – e outra razão pela qual o D-type seria o ponto de partida ideal para um novo carro de rua.

Do ponto de vista da mecânica, o motor do XK foi testado e provado, e em sua versão mais recente – para o XK150 S – tinha 3,8 litros e carburadores triplos. Nesse feitio, o motor gerava 265 cv, mas, na verdade, quando instalado em um carro – em vez de na bancada de testes – se mostrava menos potente. Não obstante, a Jaguar não tinha motivos, nem tempo ou

Um protótipo em tamanho reduzido para o que acabaria se desenvolvendo como o E-type, o E1A foi uma eficiente bancada de testes para a tecnologia que seria utilizada na linha de produção.

"MR JAGUAR PISA NO ACELERADOR"

Apesar do desânimo e da tristeza da indústria automobilística no final da década de 1950 e início da de 1960, Sir William Lyons e a Jaguar viviam uma situação bem diferente.

A manchete acima foi retirada de um artigo do *Sunday Pictorial* de janeiro de 1961, que dizia: "A fábrica de Coventry está trabalhando a todo vapor para dar conta de cada vez mais pedidos [...] as ações de outros fabricantes despencam na bolsa de valores sob o impacto da crise econômica, mas as da Jaguar mal foram afetadas [...]".

dinheiro para considerar um motor novo ou renovado para seu carro esporte. De qualquer maneira, o motor XK ainda estava em seu auge naquela época.

Da mesma forma, o desenvolvimento contínuo da suspensão dianteira facilitou sua adaptação ao novo carro esporte. O câmbio e o eixo traseiro eram satisfatórios, mas algo precisava ser feito com aquela antiquada suspensão traseira por eixo rígido, como a utilizada no XK150 e em outros modelos anteriores da Jaguar. Embora houvesse experimentado a suspensão traseira independente muito antes, a maioria dos D-types nunca utilizou esse tipo de equipamento, que parecia ser o caminho natural no que diz respeito ao novo carro esporte.

Dois importantes carros de desenvolvimento

Graças ao D-type, no fim dos anos 1950 a Jaguar já tinha componentes aprovados para o E-type, como motor, câmbio, estilo de carroceria e construção monobloco. Alguns haviam sido explorados na produção em massa com os sedãs de 2,4 e 3,4 litros, mas ainda restava muito a fazer antes que um novo carro pudesse ser anunciado.

Houve dois grandes estágios de protótipo nos anos 1950 antes do conceito final do E-type. Primeiro, um pequeno protótipo esportivo designado E1A, cujo surgimento em 1957 coincidiu com o lançamento do XK150. Modelado como um D-type em escala reduzida, sem os aerofólios traseiros, mas ainda feito de liga leve e com os mesmos métodos de construção, serviu para testar motores e sistemas de suspensão. Equipado com a já existente versão de 2,4 litros do motor XK, utilizado no pequeno sedã compacto, o E1A era um pequeno E-type, mas sem uma de suas famosas características: o abaulamento no capô, já que o motor foi colocado em posição mais baixa. Em 1958, o E1A se tornou o primeiro Jaguar equipado com um novo tipo de suspensão traseira independente, característica que seria utilizada com modificações no E-type.

O outro carro importante para o desenvolvimento do E-type tinha o codinome E2A, que poderia ter sido o substituto do D-type nas pistas. Ele incorporava algumas diferenças que se tornariam aparentes no desenho do E-type. O E2A ainda era feito em alumínio com um capô de peça única articulado na frente, mas uma modificação no desenho do chassi tornou a seção traseira da carroceria parte integrante do "balde" tensionado e, portanto, não removível. Quanto à mecânica, o E2A era muito parecido com o E1A, exceto por utilizar uma versão de 3 litros do motor XK e ter suspensão traseira independente – com freios a disco – desde o começo. Embora o E1A e o E2A não tivessem os conhecidos tensores longitudinais e berços associados à subsequente utilização de equipamento de suspensão traseira independente pela Jaguar, esses dois carros mostraram o caminho a seguir.

O E2A era basicamente um carro de competição e apareceu pela primeira vez na corrida 24 Horas de Le Mans de 1960. Pilotado pelo americano Briggs Cunningham, ele não terminou a prova.

O E2A, sucessor proposto do D-type nas pistas, também teria um papel importante no desenvolvimento do E-type. A foto, feita na fábrica da Jaguar, é da época da sua construção.

Os protótipos iniciais

Com base no E1A e no E2A, surgiu o primeiro protótipo de fato do E-type. Malcolm Sayer havia desenvolvido o formato da carroceria a partir do D-type, fazendo concessões para as necessidades de um carro de rua. Isso significou um amplo redesenho do monobloco para a inclusão de um porta-malas e a instalação de portas de abertura ampla para facilitar a entrada e saída do veículo, bem como diversos aspectos, como a adequação dos faróis e demais dispositivos de iluminação à legislação, além de um teto de tecido funcional. Apesar das inúmeras modificações importantes e do redesenho, Sayer conseguiu manter e até melhorar as linhas suaves do conceito original do E1A, embora em formato um pouco maior.

Do final de 1958 até 1960, outros protótipos se sucederam em várias formas, se aproximando aos poucos do desenho de produção. Naquela época, os motores haviam sido modificados e os protótipos utilizavam versões de 3,8 litros do XK, desenvolvidos para o mercado dos Estados Unidos, equipando o sedã XK150, topo de linha, e o Mark IX. Foi necessário aprimorar o motor de 3,8 litros para que ele pudesse caber sob o capô de perfil baixo proposto para o E-type, as mudanças compreendendo um arranjo do cárter e do desenho dos demais dispositivos.

Como ocorreu com todos os modelos anteriores da Jaguar (e com os posteriores até o XJ40 de 1986), Sir William Lyons teve uma participação fundamental. A estética era muito importante para ele e, como sabemos, sempre deu elegância e distinção aos Jaguares. No entanto, é imprescindível haver uma harmonização entre aerodinâmica e praticidade, ainda mais se tratando do desenho de um carro esporte.

O verdadeiro protótipo original do E-type foi montado com painéis de aço rebitados, prensados à mão, enquanto o E1A e o E2A usaram alumínio. Esse protótipo nunca foi destinado a rodar, mas acabou percorrendo vários milhares de quilômetros, sendo depois desmontado e destruído. No começo, a Jaguar pretendia utilizar plástico reforçado com fibra de vidro na produção dos painéis parafusados do E-type – capô, porta-malas e portas –, mas a tecnologia da época tornava a qualidade questionável e o processo de fabricação lento. O alumínio também foi considerado, mas apresentou vários problemas, o maior deles sendo o custo.

Quando surgiu o protótipo número 5, no final de 1959, o E-type estava quase concluído e pronto para ser produzido, embora passasse por um grande trabalho de desenvolvimento e testes. Até então, o protótipo do modelo de corrida, o E2A, nem havia ainda sido apresentado publicamente.

O protótipo número 5, com acabamento na futura cor do E-type vermelho Carmen, percorreria milhares de quilômetros nas mãos do piloto de provas Norman Dewis, assim como os protótipos anteriores. Ele foi o primeiro E-type a percorrer a nova autoestrada M1 a grande velocidade.

Os protótipos iniciais eram roadsters de dois lugares porque o E-type havia sido concebido apenas como conversível. O desenvolvimento de um cupê fechado só ocorreu mais tarde.

Um protótipo de tamanho real, fotografado nos fundos da fábrica de Browns Lane da Jaguar, em 1958. Nessa época, o formato do carro completo com o capô com domo estava quase concluído, faltando apenas as aberturas de refrigeração. Note as maçanetas do capô externo do D-type e a falta de friso cromado. As lanternas improvisadas (no interior do compartimento dos faróis) foram aproveitadas do sedã Mark VIII. Este carro também não tem os frisos cromados nas portas, nem a capota de lona – as maçanetas das portas também não haviam sido desenhadas nessa ocasião.

O protótipo número 5 do E-type no circuito com curvas superelevadas do MIRA, as instalações de testes nas proximidades de Nuneaton. A maioria dos elementos do desenho havia agora sido finalizada, embora ainda faltassem no carro alguns frisos de acabamento cromados – os contornos das máscaras dos faróis são um exemplo.

O papel do XKSS

Um terceiro carro participou do desenvolvimento dos carros esporte Jaguar – o malsucedido modelo XKSS, visto acima.

O XKSS era uma adaptação, um tanto grosseira, de dois lugares do D-type. Tinha um bagageiro sobre a parte traseira, já que não havia espaço para um porta-malas. Um para-brisa do Ford Consul Mk II estava em conformidade com a regulamentação legal, era confortável para o motorista e permitia a instalação de um teto de lona. Possuía uma porta para o passageiro (com janela lateral) e acabamento interior em couro.

Tudo isso permitiu que a Jaguar vendesse o restante do estoque de monoblocos D-type. O XKSS parecia uma transformação feita às pressas. Apenas 16 exemplares tinham sido vendidos quando um grande incêndio na fábrica da Jaguar, em 1957, destruiu as estruturas remanescentes. Com isso, tornou-se impraticável e não proveitoso repor o ferramental para reconstruir o modelo.

Elementos do XKSS, no entanto, fariam a Jaguar pensar em sua próxima geração de carros esporte, e semelhanças entre o XKSS e o E-type podiam ser notadas, por exemplo, nas barras dos para-choques e no acabamento interior. Mas, felizmente, a Jaguar partiu do princípio de utilizar peças fornecidas por outros fabricantes!

A partir da parede de fogo

A parede de fogo dianteira e a região do capô formavam o núcleo do carro, a partir do qual o restante da carroceria se sustentava e adquiria firmeza. A parede de fogo se estendia por toda a largura do carro e da base do para-brisa às soleiras. Com dupla camada para maior resistência e formando uma seção completa do conjunto, o painel também tinha um reforço extra para as colunas do para-brisa e as dobradiças das portas.

A estrutura monobloco

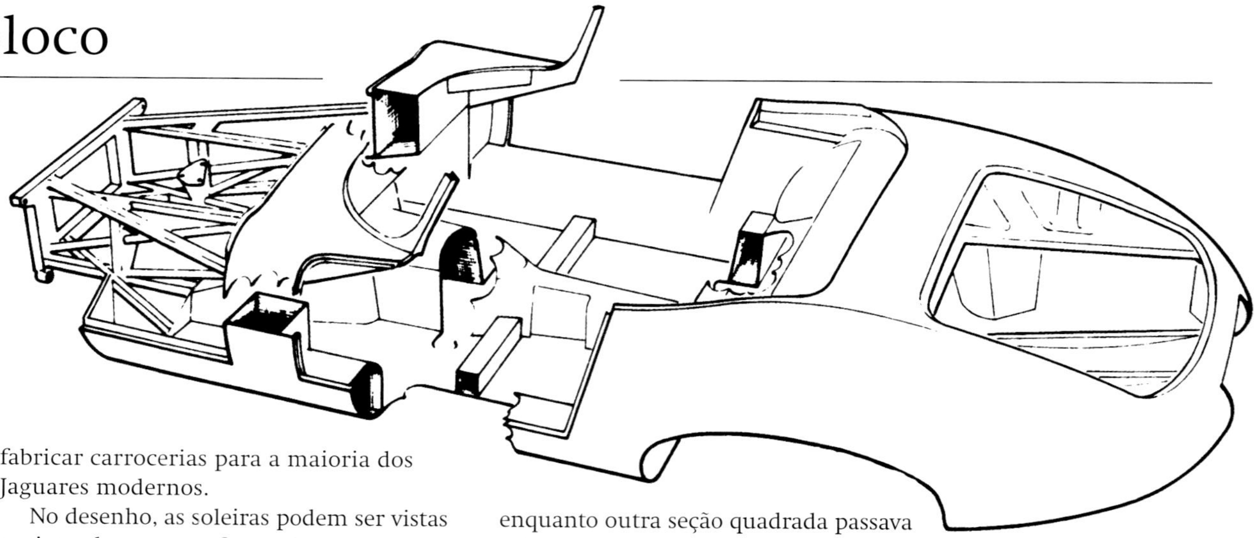

Este desenho contemporâneo – fornecido pela Jaguar e não totalmente exato! – mostra a composição do chassi monobloco do E-type, inclusive as áreas formadas por seções de caixa. O E-type foi concebido para ser um modelo de produção limitada, o que exigiu grandes esforços no seu desenho e produção para assegurar sua viabilidade econômica.

O desenho do monobloco era muito avançado para época e um tributo às técnicas de engenharia não só da Jaguar, mas de outros fabricantes, como Abbey Panels, Pressed Steel Fisher e Carbodies. A Abbey Panels, de West Midlands, fez a maior parte do trabalho do projeto da produção e a montagem de boa parte da carroceria de painéis de aço, inclusive o capô de três partes (que a fábrica produz até hoje para restaurações). Todos os componentes internos de aço eram fornecidos pela Pressed Steel Fisher, cuja fábrica de Castle Bromwich viria a fazer parte da Jaguar e chegou a montar o sedã S-type, além de fabricar carrocerias para a maioria dos Jaguares modernos.

No desenho, as soleiras podem ser vistas projetando-se para a frente da parede de fogo até as rodas dianteiras e para trás até um componente transversal de seção oca adiante da suspensão traseira. O assoalho e o túnel da transmissão também aumentavam a rigidez da estrutura, auxiliados por dois componentes longitudinais do assoalho que se estendiam da frente até a traseira, enquanto outra seção quadrada passava sob os bancos. O assoalho do porta-malas e suas seções laterais, soldadas ao componente transversal traseiro e à seção traseira da carroceria, ofereciam ainda mais resistência.

Na época, não havia nada igual a essa estrutura monobloco, que era muito diferente de qualquer outra coisa encontrada nos carros de série.

Complexo, mas robusto

Um monobloco E-type completo aguarda a entrada na linha de montagem, depois de pintado. As carrocerias eram fáceis de manusear e podiam ser giradas em qualquer ângulo com carrinhos especiais. Esta foto é de janeiro de 1961 (dois meses antes do lançamento) e, portanto, mostra uma carroceria bem do início da produção, como evidenciam os furos e suportes das travas externas do capô.

Como o monobloco terminava no anteparo frontal, tudo à frente desse ponto era sustentado por uma evolução da estrutura triangular de apoio do D-type, utilizando armações em A, desenhadas e fabricadas com tubos de aço de seção quadrada Reynolds 451. Muito fortes, essas armações sustentavam a suspensão dianteira, o motor e vários componentes auxiliares, inclusive o radiador, sobre o qual o capô era articulado.

Essa estrutura inteira era aparafusada ao anteparo frontal em oito pontos para facilitar a remoção e substituição. O quadro em si podia se dividir em três partes, para comodidade tanto na montagem quanto em caso de reparos de colisões.

De construção complexa, o monobloco ficava muito robusto devido à integração de tantos componentes. A carroceria inteira era fabricada em aço de bitola 20 e soldada com o emprego das mais modernas técnicas de soldagem com CO_2. Os subconjuntos, como os dos painéis dianteiro e traseiro, eram feitos separadamente.

Carrocerias de E-types sendo pintadas quando já haviam recebido uma quantidade considerável de camada de chumbo, para suavizar os contornos de um carro que ainda era fabricado à mão.

Aquele capô maravilhoso

O notável capô do E-type, tanto em estilo como em volume, equivalia a um terço de todo o carro, e era a parte mais belamente esculpida de todo o desenho. Tratava-se de uma peça de aço de engenharia trabalhada com primor, de construção muito rígida e com linhas esplêndidas.

Seções prensadas uma a uma eram montadas para formar um capô completo. A maior seção era o painel central, que incluía a saliência necessária para acomodar as tampas dos comandos de válvulas do motor XK. Para dissipar o calor do motor, o painel central tinha grelhas de refrigeração, originalmente feitas à mão, mas isso se mostrou dispendioso e impraticável para a produção em massa, de forma que foram criadas ferramentas especiais para formar as grelhas durante a estampagem do painel.

Os dois para-lamas eram parafusados a esse painel central e também selados com um composto para maior resistência. A seção inferior do nariz também se destacava, e havia na parte interna painéis protetores para impedir que a sujeira da estrada, levada pelas rodas, chegasse ao compartimento do motor.

Articulado pela frente e autossustentável, o capô do E-type permitia amplo acesso ao motor e à suspensão dianteira. Nenhum outro Jaguar de produção anterior oferecia essa característica prática, embora o Triumph Herald de 1959 tivesse um dispositivo semelhante. Em caso de danos, o capô do E-type podia ser removido e desmontado para reparos.

Era inevitável, então, que uma seção tão grande do carro tivesse de ser instalada à mão em um monobloco individual, um procedimento ainda hoje possível de ser contemplado por alguém que tenha o capô de seu E-type substituído.

Carrocerias sendo preparadas para a área de montagem: os subchassis dianteiros foram removidos para ser montados separadamente.

Enquanto a carroceria principal seguia por uma linha de montagem, os capôs tinham as partes montadas em um processo separado.

Poor quality causes hold ups

O motor XK de 3.781 cm³ com carburadores triplos SU de 50,8 mm, na versão que equipava o E-type.

Motor e câmbio

Somente em 1959, a Jaguar lançou sua mais nova versão do motor XK de seis cilindros nos então atuais carros esporte XK150. Na configuração de 3.781 cm³ e equipado com um coletor renovado e nada menos que três carburadores SU de 50,8 mm, o motor era anunciado como capaz de desenvolver 265 cv no modelo "S", topo de linha. Parecia um tanto otimista: se esse número algum dia chegou a ser registrado, é mais provável que tenha sido num teste de dinamômetro, não no carro de série.

O principal motivo do aprimoramento era aumentar o torque do enorme sedã (Mark IX) e elevar a potência, visando o mercado dos Estados Unidos, onde ela era o mais importante. Ao mesmo tempo, o motor melhorado proporcionava melhor desempenho para o carro, elevando a velocidade máxima a quase 225 km/h e reduzindo os tempos de aceleração.

A maior cilindrada de 3,8 litros foi conseguida com o aumento do diâmetro dos cilindros de 83 mm para 87 mm, uma modificação que exigiu que os cilindros ficassem juntos em dois grupos de três, com muito cuidado para assegurar que não houvesse perda de eficiência da refrigeração. Camisas de cilindros de ferro fundido foram utilizadas com fendas horizontais, abertas nas paredes do bloco entre cilindros adjacentes, para permitir que um jato de água de refrigeração circulasse em torno do topo dos cilindros para fazer uma refrigeração adequada. As capas dos mancais de ferro fundido dos primeiros motores XK foram substituídas por peças de aço estampado para se obter uma rigidez maior e uma duração mais longa das bronzinas. Os novos pistões com aletas sob a cabeça (para dissipar o calor) resultavam dos feitos da Jaguar nas corridas com o D-type, e os anéis de segmento

Foi necessário um considerável trabalho de reposicionamento das peças auxiliares, embora o acesso geral ao compartimento do motor fosse muito melhor que o de qualquer modelo anterior. O sistema de admissão e o filtro de ar eram totalmente novos.

também foram muito melhorados. Equipado com cabeçotes de dutos diretos, o motor para o E-type foi transplantado do XK150 e, sendo assim, a Jaguar não esperava – e não teve – nenhum grande problema com a sua instalação. Algumas peças auxiliares do motor, no entanto, tiveram de ser redesenhadas para se adequarem ao E-type. O sistema de refrigeração com seu tanque frontal separado, por exemplo, foi outro desenvolvimento do D-type, mas a ausência de um ventilador de arrefecimento acionado pelo motor foi uma surpresa, uma vez que os carros esporte Jaguar não eram conhecidos por sua capacidade de manter a temperatura da água baixa. Em vez disso, um pequeno ventilador elétrico controlado por um sensor de temperatura resfriava o ar em torno do radiador de alumínio.

A Jaguar optou por usar um sistema de afogador manual no E-type, deixando de empregar o conhecido carburador auxiliar de partida utilizado em seus modelos anteriores e posteriores equipados com motores XK.

O E-type continuou usando uma caixa de câmbio manual de quatro marchas projetada pela Moss (sem sincronização em primeira) e embreagem Borg & Beck, todos do XK, sem modificações.

O desenho do sistema de escapamento era um pouco diferente do utilizado. Os tradicionais coletores, com revestimento vítreo, eram conduzidos a dois tubos de escapamento flexíveis separados fora do motor, passando pelo centro do carro. Eles levaram ao desenvolvimento de um dispositivo silencioso duplo sob o carro, seguido de outros tubos que davam em dois silenciadores menores cromados, que conduziam a ponteiras também cromadas sob a placa de licença traseira.

Suspensão traseira

O E-type foi o primeiro Jaguar de produção a se beneficiar do amplo desenvolvimento da suspensão traseira independente, a qual culminou em um magnífico arranjo que passaria pelo teste de durabilidade ao longo do tempo – e seria utilizado em todos os modelos posteriores, do sedã Mark X ao XJ-S e ao sedã Série 3 XJ. À época do lançamento do E-type, era ainda bastante incomum encontrar um carro de produção com suspensão traseira independente, e suas vantagens logo foram percebidas por outros fabricantes.

O princípio em que se baseava o desenvolvimento final do sistema da Jaguar era o uso de uma gaiola de aço (ou subchassi) na qual todos os componentes eram montados, permitindo que a parte traseira fosse montada em separado na fábrica ou removida para reparos, se necessário. Isso também resultou em maior rigidez e resistência. O subchassi se prendia à carroceria por quatro coxins Metalastic (marca de um coxim de borracha com alma de metal) e também ao lado inferior do assoalho de cada lado por robustos tensores longitudinais montados por meio de buchas de borracha e uma barra estabilizadora.

O eixo inteiro e seu subchassi reforçavam a estrutura do carro. Como não existia contato direto de partes metálicas com a carroceria, ocorria um isolamento da vibração, ressonância e ruído.

O diferencial era um Salisbury Powr-Lok (autobloqueante, o mesmo utilizado no XK150) parafusado no centro do subchassi. O excesso de calor e os vazamentos de óleo do diferencial, além de um descuido generalizado por causa da localização interna dos discos de freio resultavam em um sistema de frenagem pouco eficiente se a manutenção não fosse bem-feita, mas equipou o E-type durante toda a sua existência.

A essência da nova suspensão independente do E-type era o uso das semiárvores com juntas universais agindo como braços superiores. Elas saíam do diferencial para as mangas de eixo de alumínio fundido. A parte inferior das mangas de eixo formava a articulação para os braços inferiores da suspensão e tinha formato de forquilha para as montagens a cada cubo de roda fundido e à base do subchassi. De cada lado, montavam-se duas unidades combinadas de mola e amortecedor nos braços inferiores da suspensão e ao subchassi no alto. Os movimentos longitudinais eram controlados por tensores, que se estendiam da ponta do braço inferior até a viga transversal de seção quadrada da carroceria, fixados com coxins Metalastic.

Um projeto brilhante, a suspensão traseira do E-type permitia mais espaço para o porta-malas devido às dimensões menores das molas e, o mais importante, proporcionava um tipo de suspensão igual, tanto para a parte dianteira quanto para a traseira do chassi, para melhor equilíbrio.

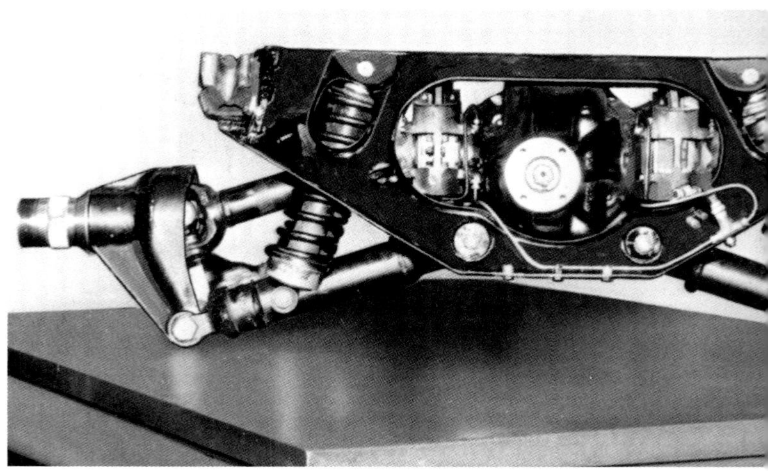

Um maravilhoso desenho em corte, publicada pela The Motor *na época do lançamento do E-type, em março de 1961, mostra os sistemas de suspensão.*

Suspensão dianteira e direção

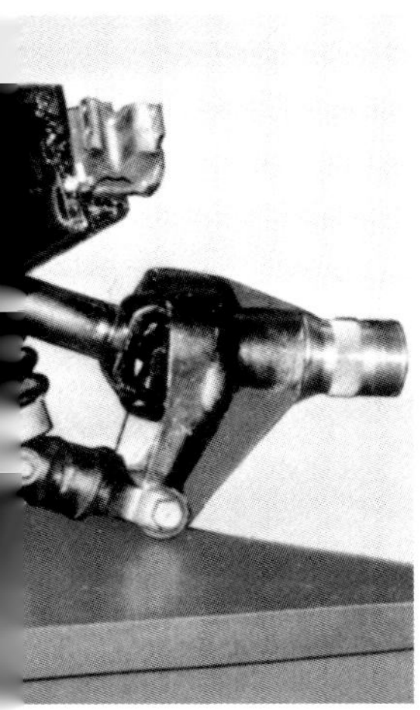

A suspensão traseira era construída como um subconjunto completo em sua própria gaiola, que incluía o eixo, as semiárvores de transmissão e os freios internos.

Para a suspensão dianteira, a Jaguar usava um desenho desenvolvido do D-type, mas com origens que remontavam ao sedã Mark V de 1948. O sistema de braços triangulares forjados superpostos (com coxins internos Metalastic) tinha barras de torção fixadas na frente, nas extensões do braço triangular inferior e, na traseira, em uma janela (onde havia um ajuste com vernier). Isso tornava possível remover e substituir as barras de torção sem desmontar toda a suspensão dianteira. Os articuladores esféricos superiores e inferiores eram utilizados no sistema em conjunto com uma barra estabilizadora conectada às extremidades externas dos braços triangulares inferiores. Os amortecedores telescópicos tinham montagem inclinada.

A direção de pinhão e cremalheira, solução normal da Jaguar, era montada numa estrutura em A à frente da suspensão e atrás do radiador. A cremalheira tinha pré-carga por mola contra os dentes do pinhão para garantir uma operação silenciosa e suave, e sua montagem ocorria sobre borracha para impedir a transmissão de choques diretos das rodas através da direção.

A coluna de direção adotada era convencional com coxins universais e sua parte superior era ajustável – uma característica de série dos Jaguares durante vários anos. A direção, bem desenhada e executada, proporcionava ao motorista suficiente sensibilidade, apesar de ser leve no uso e exigir apenas 2,5 voltas entre batentes.

Freios e rodas

Todos os freios eram Dunlop a disco. Os freios dianteiros, sólidos de 279 mm de diâmetro com pinça de dois pistões, utilizavam pastilhas tipo troca-rápida de série. O circuito de freio duplo era sem igual: ele utilizava uma unidade servo de fole Kelsey-Hayes, de projeto americano, que permitia operar o cilindro-mestre duplo por pressão mecânica. Sua grande vantagem estava na facilidade de manutenção do servo, sem afetar a hidráulica do freio e eliminando a necessidade de sangrar o sistema.

Os discos traseiros tinham 254 mm de diâmetro, sendo 25,4 mm menores que os dianteiros. Eram montados na parte interna para equilíbrio e instalados nas árvores de saída do diferencial, como no protótipo E2A. A disposição do freio de estacionamento, operado nos discos traseiros por pinças separadas, também era singular.

Os cubos das rodas, dianteiros e traseiros, eram estriados para receber as únicas rodas disponíveis para o carro, raiadas de 15 pol., cromadas, na cor da carroceria ou envernizadas em fornos, equipadas com pneus Dunlop RS5. Esta foi a primeira vez que a Jaguar usou rodas de 15 pol. em um carro esporte.

Em conjunto com a Dunlop, a Jaguar foi pioneira no uso de discos de freio em automóveis nos D-types de corrida nos anos 1950, adotando-os depois nos XK150 e, claro, no E-type.

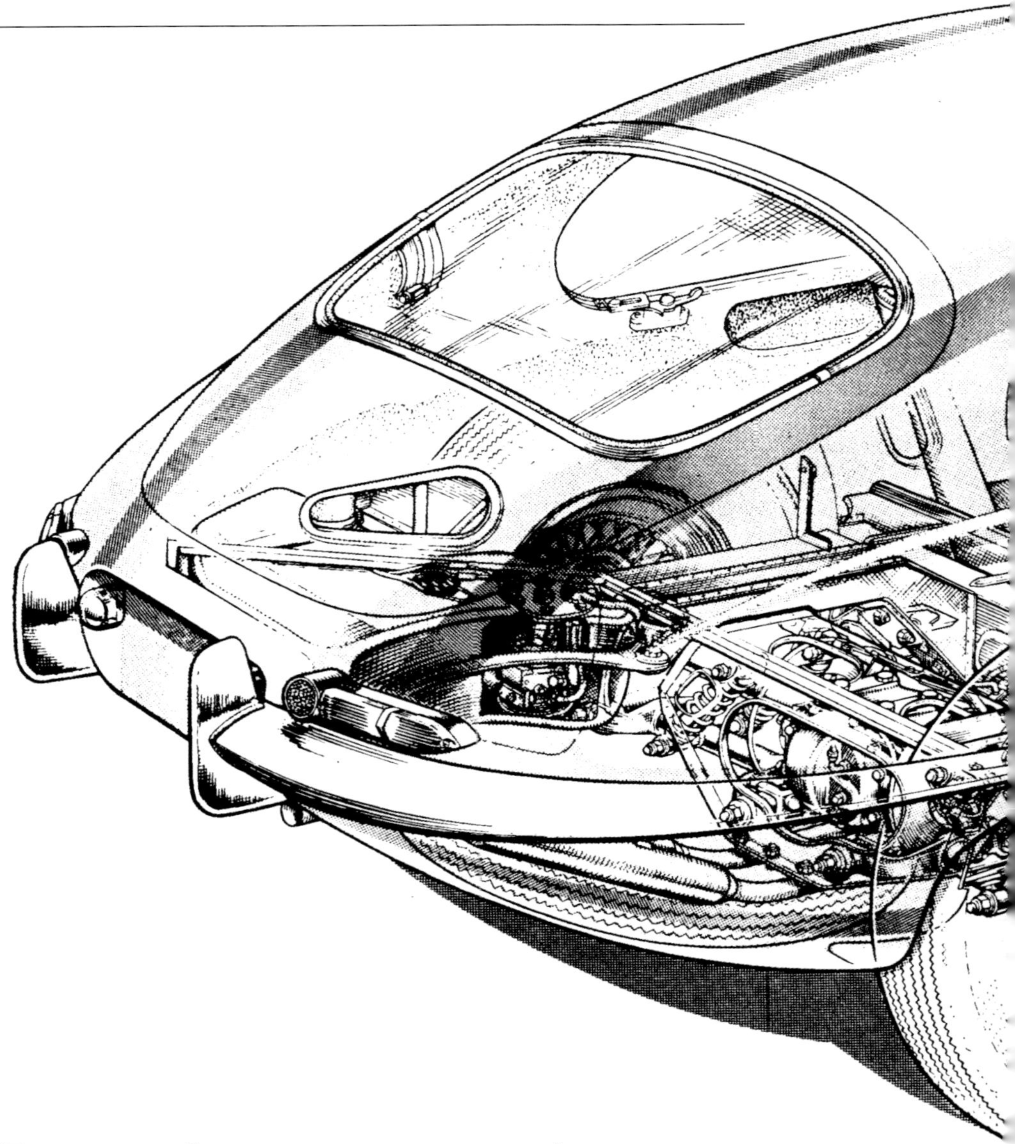

De roadster para cupê

A ideia do cupê surgiu quando um dos funcionários da Oficina Experimental Jaguar fez um trabalho com a carroceria de um roadster. Sir William Lyons ficou tão impressionado com o resultado que pediu a Malcolm Sayer para desenvolver a ideia – o que levou à existência dos dois tipos de carroceria.

Essa decisão gerou a construção de dois protótipos de cupê, o segundo dos quais acabaria sendo registrado como 9600 HP – um carro que ainda hoje é visto por aí, recentemente restaurado. Um aspecto interessante é que aquele 9600 HP, após o término do seu desenvolvimento, acabou sendo usado como carro de imprensa, assim como o primeiro protótipo, emplacado como 77RW. O fato de alguns protótipos produzidos terem tido uma variedade de usos comprova a excelência de um projeto que saiu da prancheta para a linha de produção em apenas quatro anos, apesar de terem sido tratados como menos importantes em relação a modelos como o Mark II e o Mark X.

A carroceria do cupê foi uma grande iniciativa em termos de desenho de carros esporte. Pouquíssimos carros ofereciam a combinação deste modelo, de estilo fastback

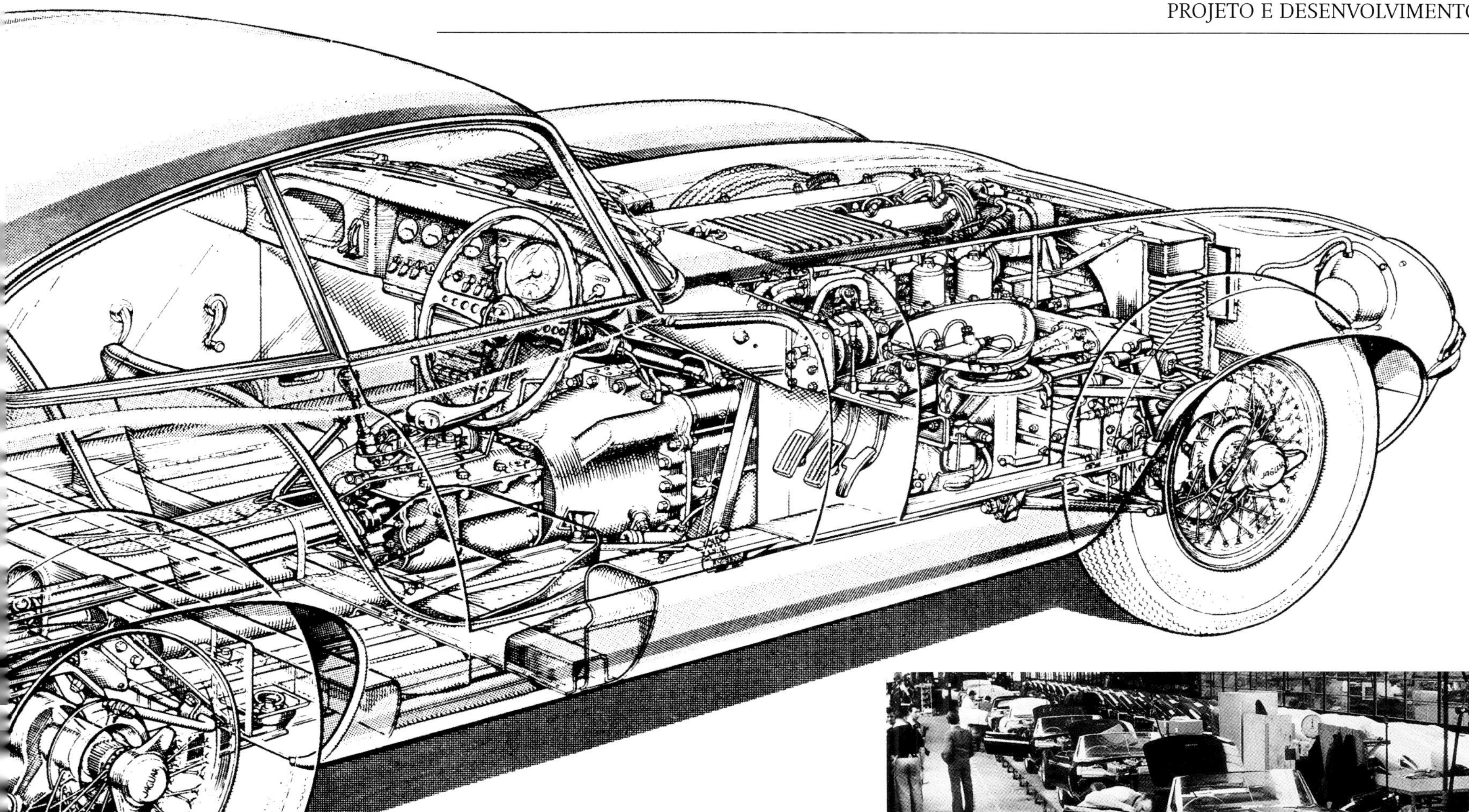

O resultado final

com uma porta de carga traseira que dava acesso a um compartimento de bagagem acarpetado – uma característica semelhante a um hatchback moderno.

O teto e as seções traseiras do cupê compunham áreas acentuadas da carroceria para proporcionar maior resistência estrutural. O modelo fechado também se mostraria mais aerodinâmico do que o roadster e, portanto, mais veloz.

Para muitos entusiastas, assim como para o próprio Sir William Lyons, dos dois estilos de carroceria, o cupê é o mais agradável do ponto de vista estético.

O período de desenvolvimento de quatro anos do E-type transcorreu muito rápido para a Jaguar. Poucos carros foram realmente preparados como protótipos para desenvolvimento contínuo e testes de rua. O programa era tão apertado que chegava ser notável o fato de os carros terem sido concluídos a tempo para o lançamento, em março de 1961, no Salão de Genebra, e que em poucos meses a Jaguar conseguisse entregar modelos de série para os primeiros compradores.

Estas duas fotos de cenas do processo de fabricação foram feitas em 1961, quando as instalações de Browns Lane se dedicaram a atender o mais rápido possível à demanda pelo novo carro esporte. Uma vista mostra o forno de baixa temperatura usado pela Jaguar nos anos 1960 e confirma que os E-types passaram pelos mesmos processos de produção de outros modelos, como o sedã Mark II visto atrás. A outra foto mostra roadsters E-type próximos ao final da linha de montagem.

E-TYPE

SÉRIE 1 3,8-LITROS

1961–1964

1961
Um lançamento sensacional

A década de 1960 foi uma das mais significativas do século passado, à exceção dos anos de guerra. O Reino Unido ainda se recuperava dos efeitos da Segunda Guerra Mundial e, embora a indústria automobilística houvesse prosperado desde os anos 1950, foi só no final da década que os novos desenhos mais importantes, além de avanços tecnológicos e uma aura de maior confiança, ganharam notoriedade. Em 1961, época do lançamento do E-type, a indústria automobilística no Reino Unido ainda estava em dificuldades devido a um arrocho na economia e, mesmo assim, conseguiu anunciar o lançamento de uma grande quantidade de modelos novos e aprimorados.

Com mais de nove milhões de veículos nas ruas da Grã-Bretanha naquele ano, a indústria automobilística era então a geradora de divisas com exportações, e aquele era o momento certo para um novo Jaguar.

O Reino Unido era ainda o maior produtor de carros esporte e os exportava para o mundo todo. Apesar das restrições internas, havia amplas oportunidades para mais e melhores modelos naquele clima. O E-type foi lançado no momento oportuno, quando o país estava saindo das dificuldades financeiras e passando por uma mudança nos padrões de transporte com a construção de estradas. E todo o mundo ocidental parecia estar se tornando mais aberto.

O novo E-type foi fundamental para o sucesso da Jaguar. Ainda uma empresa pequena, sua produção total, desde o início até o lançamento dos novos carros esporte, chegava a pouco menos de 200.000 veículos. Apesar disso, as vendas somente do E-type deveriam passar de 35% daquele total nos anos seguintes.

Drama de última hora

O E-type cupê dirigido rapidamente durante toda a noite, de Coventry a Genebra, foi apenas lavado e polido antes de ser apresentado à imprensa automobilística mundial no Parc des Eaux Vives.

O tempo para o desenvolvimento que permitiria o lançamento do E-type era exíguo para quaisquer padrões, mas, em especial, devido à pequena equipe da Jaguar dedicada ao trabalho. Era preciso fazer hora extra até tarde da noite para deixar tudo certo para o lançamento planejado, no Salão de Genebra, em março de 1961.

O Salão de Genebra foi escolhido por ser um evento de ambiente internacional apropriado para o que a Jaguar pretendia que fosse um carro de impacto mundial. O momento, março, permitiu um lançamento antecipado aos salões dos Estados Unidos e do Reino Unido e deu à Jaguar o elemento surpresa do começo do ano.

Dois E-types, ambos cupês cinza, foram preparados para Genebra. Um carro (o quinto carro de produção fabricado) foi preparado para mostrar características e despachado novo, nunca dirigido, para ser exibido no estande da Jaguar. O outro carro (foto) veio a ser, por necessidade, o protótipo

9600 HP, que já havia percorrido milhares de quilômetros em testes.

Repintado e apressadamente revisado, o 9600 HP foi, na verdade, pilotado por Bob Berry de Coventry até Genebra, literalmente sem parar, a fim de chegar bem na hora para o importador Jaguar da Suíça limpá-lo e apresentá-lo no lançamento para a imprensa na véspera da abertura do Salão. Essa arrancada de última hora de cerca de 1.300 quilômetros foi uma importante conquista para o E-type; provou que a Jaguar havia empregado bem seu dinheiro na criação do mais recente grande carro esportivo de turismo. Este carro em especial serviu a várias finalidades de divulgação para a Jaguar: um ponto alto foi quando jornalistas de testes da *Autocar* ultrapassaram os 240 km/h.

Hoje, o lançamento de um carro novo é, em geral, planejado para aproveitar ao máximo a publicidade durante um período. Primeiro, vêm as fotografias furtivas de testes (quase sempre vazadas pelo próprio fabricante), acompanhadas de relatos com dados de informantes; em seguida, o fabricante divulga informações aos poucos. Depois, uma programação de lançamentos mundiais com a pompa e circunstância de uma campanha presidencial norte-americana. Por fim, a oportunidade de jornalistas selecionados testarem o carro. Mas, nos anos 1950, o lançamento de um carro era um acontecimento mais tranquilo, e assim foi com o E-type.

O QUE OS JORNAIS DISSERAM

"Dirigir o carro é mais parecido com voar do que com dirigir."
Daily Telegraph

"Bam! E você está a 241 quilômetros por hora – o novo Jaguar pode conquistar o mundo."
Daily Express

"Tão veloz que, quando ele passar pelas ruas, a maioria dos motoristas o verá apenas por trás."
Daily Mirror

"O carro mais desejado do mundo – será um vencedor em todos os lugares."
Daily Mail

O primeiro olhar

A imprensa lançou o primeiro olhar sobre o E-type em 15 de março, quando cerca de duzentos jornalistas se reuniram no Parc des Eaux Vives, em Genebra, para ver o 9600 HP. Sir William Lyons estava presente e se esbaldou com os elogios.

A aclamação tomaria as páginas dos jornais e revistas de todo o mundo nos dias, semanas e meses que se seguiram. Não houve quase nenhuma crítica ao carro, além do fato de que ele era barato demais para ser produzido em quantidade suficiente para atender à demanda.

Outro E-type, um roadster, teve de ser levado a Genebra. Isso se mostrou necessário porque o 9600 HP sozinho não era suficiente para atender aos pedidos da imprensa e do público por voltas de experimentação, que a Jaguar proporcionava durante o período de demonstração em ruas próximas ao Parc des Eaux Vives – tal era a força do entusiasmo, que a Jaguar poderia ter vendido ingressos só para as pessoas se sentarem em um dos carros em demonstração! Este roadster, licenciado como 77 RW, foi outro dos carros anteriores à produção e, como o 9600 HP, existe até hoje. Restaurado há pouco tempo, ele é mostrado neste livro.

Duas cenas, acima e abaixo, de uma reapresentação, em março de 2001, do lançamento para a imprensa do E-type, no Parc des Eaux Vives, em Genebra. Ao lado do 9600 HP, o carro do lançamento para a imprensa, está o cupê (o quinto carro de produção), que era o carro em exibição no Salão de Genebra, em 1961.

Estrela dos salões

O público em geral viu o E-type ao vivo um dia depois da imprensa, quando o Salão de Genebra foi inaugurado, em 16 de março.

O estande da Jaguar não era enfeitado, mas o carro foi lançado de maneira espetacular: uma enorme caixa de madeira que cobria o carro foi levantada até o alto, revelando um belíssimo cupê E-type cinza-prata opalescente. A reação foi de tirar o fôlego: apesar de haver outros carros fascinantes em exibição, o E-type se tornou a estrela do salão.

Nesta primeira apresentação pública, a Jaguar recebeu encomendas no valor total de mais de 500.000 libras. As pessoas presentes ao evento disseram que havia sempre duas filas ao redor do E-type – uma para vê-lo e outra para encomendá-lo! As informações divulgadas na época davam conta de que mais de 300 E-types foram vendidos na primeira semana só na Europa. E ainda havia os Estados Unidos...

A revelação no Salão de Nova York, em abril, resultou na venda de cinco E-types na primeira hora após a abertura, e em uma média de um carro vendido a cada hora no Salão, num total de mais de 11 milhões de libras em vendas. Com isso, e com o Salão de Earls Court ainda por vir, em outubro, a Jaguar não tinha esperanças de atender à tremenda procura, que foi depois aumentada ainda mais pela resposta da mídia nos meses seguintes.

Metade do preço

O editor da revista britânica *The Motor*, em sua edição de Genebra, escreveu o seguinte sobre o E-type:

"Ele não apenas é mais barato que seus concorrentes – custa menos da metade do preço de carros comparáveis feitos na Alemanha e Itália [...] – e não é somente uma soberba obra de engenharia automobilística, com o desempenho de um carro de corrida; é também um roadster ou cupê belo e bem acabado. Mais do que nunca, os engenheiros vão dar de ombros e dizer 'nós não conseguimos entender como Lyons faz isso' com um misto de admiração e inveja."

A campanha na mídia foi tão grande que apenas uma edição da *The Motor* destinou um total de 28 páginas de anúncios congratulatórios de revendedores e fornecedores ao E-type.

Cenas do Salão de Nova York de 1961 e – com o capô do carro removido – de Copenhague, na Dinamarca.

COMO OS TEMPOS MUDARAM

Hoje a mídia briga para ser a primeira a revelar segredos. No começo dos anos 1960, porém, adotava-se uma abordagem diferente e respeitosa. Os comentários que se seguem são do jornalista Denis Holmes, pouco antes do Salão de Genebra de 1961.

"Recuso-me a revelar detalhes deste enorme esforço de exportação; poderia prejudicar seriamente a recuperação da indústria [...]."

Admitindo a existência do E-type, comentou: "[...] o novo esportivo Jaguar de 240 km/h que está em teste é um acréscimo a uma bem-sucedida série esportiva. Mais, contudo, fica em segredo".

Mesmo no final dos anos 1950, quando o trabalho de desenvolvimento ainda estava sendo realizado com os protótipos, alguns jornalistas renomados foram escolhidos para ter uma prévia dos carros e dirigí-los. Pouco foi publicado, mas suas impressões profissionais proporcionaram um bom retorno aos engenheiros da Jaguar.

COMPARANDO O E-TYPE A SEUS CONCORRENTES

Isto é o que o mercado tinha a oferecer ao comprador de carros esporte de categoria superior em 1961, ano de lançamento do E-type. As três listas estão em ordem de preço no Reino Unido (inclusive o imposto sobre consumo), velocidade máxima e aceleração. Apenas três carros podiam alcançar velocidades máximas e aceleração semelhantes às do E-type, dois deles pelo dobro do preço, e um – o Ferrari 250GT – pelo triplo.

Valor (em libras)

1.200
Austin-Healey 3000 MkII
Barato e forte, ronco tradicional, mas pouco sofisticado

1.500
Daimler SP250
Motor ultrarrefinado; um grande carro prejudicado por uma carroceria de estilo duvidoso

1.900
AC Ace
Feito à mão e muito elegante; mais lento, e na época um modelo velho

1.950
Volvo P1800
O primeiro da Europa continental; motor sem refinamento; ainda não era um símbolo de prestígio

2.000
Lotus Elite
Um carro de raça, mas de baixa qualidade pelo preço

2.160
Jaguar E-type

2.600
Porsche Super 90
Reputação mundial; pequeno com motor robusto e poucos equipamentos

3.000
AC Greyhound
Fastback 2+2 cupê com porta traseira, lançado antes do E-type, caro e sem refinamento

3.400
Jensen 541
Estradeiro híbrido; plástico sem grande linhagem

3.600
Frazer Nash Coupé
Uma raridade feita à mão; caro e sem imagem

3.600
Lancia Flaminia
Carroceria separada do chassi, estilo italiano; caro sob todos os aspectos

4.000
Aston Martin DB4
Prestígio e potência, mas caro

4.000
Chevrolet Corvette
A resposta dos EUA aos britânicos; plástico e frágil, tudo por um preço alto

6.600
Ferrari 250GT
Desempenho, raridade, imagem, superavaliado; precisa de muita manutenção

Velocidade máxima

Ferrari 250GT
241 km/h

Jaguar E-type
240 km/h

Chevrolet Corvette
236 km/h

Aston Martin DB4
227 km/h

Frazer Nash Coupé
201 km/h

Daimler SP250
195 km/h

Porsche Super 90
193 km/h

Lotus Elite
190 km/h

Austin-Healey 3000 MkII
183 km/h

Volvo P1800
180 km/h

Jensen 541
175 km/h

AC Ace
167 km/h

AC Greyhound
167 km/h

Lancia Flaminia
167 km/h

Aceleração (0-96,5 km/h)

Chevrolet Corvette
6,2 s

Jaguar E-type
7,1 s

Ferrari 250GT
8 s

Aston Martin DB4
8,5 s

Daimler SP250
10,2 s

Frazer Nash Coupé
10,4 s

Lotus Elite
11 s

AC Ace
11,4 s

Austin-Healey 3000 MkII
11,4 s

AC Greyhound
11,4 s

Porsche Super 90
11,4 s

Jensen 541
12,4 s

Volvo P1800
12,4 s

Lancia Flaminia
12,4 s

Anunciando o mais avançado carro esporte do mundo

Na época do lançamento do E-type, a assessoria de imprensa da Jaguar emitiu sua avaliação: "O Jaguar E-type não é apenas mais um carro esporte, mas um conceito novo de automobilismo de alta velocidade. O objetivo foi produzir um carro com desempenho igual ao do mais especializado dos carros esporte combinado com o padrão de conforto e funcionamento suave que são as notáveis características da linha de sedãs Jaguar. Assim, o E-type, além de ser capaz de alcançar velocidades superiores a 240 km/h, pode ainda ser conduzido a toda velocidade a 15-30 km/h sem o menor vestígio de trepidação, hesitação ou tranco".

A ilustração que acompanha o texto é apenas um dos vários anúncios feitos para o lançamento do E-type.

Um carro famoso

Este E-type em particular, o 77 RW, foi utilizado como carro de desenvolvimento pré-produção e é o mais antigo roadster existente. A *The Motor* o testou em sua edição de 22 de março de 1961: as notáveis estatísticas de testes de alta velocidade, realizados em uma autoestrada italiana, são de 0-96,5 km/h em 7,1 segundos, de 0-160 km/h em 15,9 segundos, e a uma velocidade máxima de 240 km/h.

A restauração do 77 RW, propriedade de Michael Kilgannon, foi concluída no começo de 2001, a tempo para uma viagem de retorno a Genebra a fim de comemorar o 40º aniversário do lançamento do E-type. Desde então, o carro apareceu regularmente em comemorações do E-type, inclusive na do 50º aniversário, em 2011.

Janelas laterais de protótipo

Este exemplar primitivo de pré-produção não tinha guias de apoio para a parte dianteira das janelas laterais, uma característica que foi acrescentada a todos os carros de série.

Teto alinhado

Por mais elegante que seja um carro esporte, a aparência é prejudicada quando o teto de lona está levantado. O E-type mudou isso, e ainda proporcionou um bom espaço entre o teto e a cabeça do motorista e dos passageiros e facilidade de acesso. Soltando os fechos no para-brisa, o teto dobrava-se em segundos, sem que fosse necessário removê-lo do carro, nem sua estrutura.

Espaço no porta-malas

Roadsters de dois lugares, pela própria natureza do tamanho e estilo, não têm grande espaço para bagagem, mas o desenho do E-type permitia acomodar alguns objetos, o que foi facilitado por um compartimento de estepe que tinha o tanque de combustível arranjado à sua volta, em formato de rim. Para manter a aparência límpida do carro, não havia maçaneta externa de abertura do porta--malas, que era aberto por uma maçaneta localizada atrás do banco do motorista.

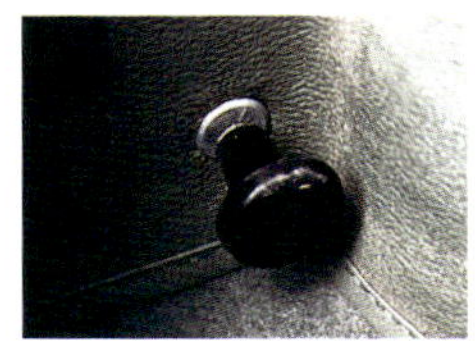

O glorioso roadster

Uma capota dobrável com apenas um toque, janelas laterais de vidro que podiam ser abaixadas para o interior das portas, um para-brisa curvo de largura integral e uma cabine bem equipada – detalhes que fizeram do roadster E-type algo muito especial. Frisos cromados ao longo da parte superior das portas eram exclusivos do roadster, e logo tiveram suas especificações alteradas porque os do desenho inicial tinham tendência a se soltar.

Teto rígido removível

A Jaguar promoveu o roadster com a opção, de fábrica, de um teto de plástico reforçado com fibra de vidro, embora isso não estivesse disponível no começo. O estilo era o das linhas do teto de lona do roadster, com muita curvatura e uma janela traseira bem maior. O teto rígido tinha de ser instalado na fábrica para assegurar uma adaptação perfeita. No início, o teto rígido era pintado de preto (como se vê nesta foto publicitária da época), mas sua pintura na cor da carroceria se tornou disponível sob encomenda especial.

"UM BELO JAGUAR PARA O SR. BARDOT"

Segundo a propaganda da época, a primeira encomenda recebida do E-type foi feita pelo marido da estrela de cinema Brigitte Bardot, Jacques Charrier. Como observou um escritor: "Poderia haver um juiz melhor de formas, linhas e silhueta?"

A estrada livre

Esta foto colorida contemporânea mostra uma cena de teste com um piloto de desenvolvimento da Jaguar na direção de um roadster com especificações para o mercado americano, equipado com um suporte de placa dianteira do tipo usado nos EUA. Enquanto no Reino Unido os carros têm a placa de licença fixada sobre o capô, a regulamentação americana exige que ela seja exposta na vertical, o que reduz um pouco a excelência aerodinâmica do carro.

Uma característica à moda antiga

A primeira mudança no desenho externo do E-type de 3,8 litros foi realizada em outubro de 1961, quando o rude mecanismo externo de travamento do capô (operado por uma chave "T") foi trocado por um mecanismo de travamento interno feito por maçanetas acessíveis pelas colunas dianteiras, com as portas abertas.

Uma brilhante estreia nas pistas

O E-type deveria fazer sua estreia em corridas pelas mãos dos empreendedores privados John Coombs e Tommy Sopwith, no encontro de Easter Goodwood, em Sussex, em 1961. A Jaguar, todavia, não pôde fornecer os carros a tempo, então, o E-type correu pela primeira vez na Trophy Race, em Oulton Park, em Cheshire, algumas semanas mais tarde. Foram fornecidos dois roadsters saídos direto da linha de produção e os pilotos, Roy Salvadori e Graham Hill, tiveram apenas duas horas para treinar.

Vistos aqui disparando da linha de largada, o carro de Salvadori, inscrito pela Coombs (BUY 1), e o inscrito pela Equipe Endeavour, de Hill (ECD 400), foram, nesta ordem, o terceiro e o quarto mais rápidos no treino. Salvadori liderou no começo, mas os freios do seu carro começaram a perder a eficiência por aquecimento – um problema típico dos primeiros E-types –, e Hill rodou a dois terços da distância que faltava para a vitória, com Salvadori, ainda assim, classificando-se em terceiro lugar. Uma estreia nas corridas mais enfática seria inimaginável...

OS SORTUDOS GANHADORES DE E-TYPES

O *Daily Mail* anunciou uma grande corrida em 1961, cujos prêmios aos vencedores eram dois E-types. Um dos vencedores, um empresário cervejeiro aposentado, de 72 anos, de Gloucestershire, tinha cinquenta anos de experiência no automobilismo, mas nunca havia dirigido um Jaguar. O outro vitorioso foi um aprendiz de arquiteto que ganhava apenas uma libra por semana e aprovado no exame de habilitação para motorista havia apenas um ano. Um recebeu o carro em quatro semanas, e o outro teve de esperar quatro meses por causa da enorme demanda por E-types!

O QUE SIGINICA "E"?

O cartunista Varney desenhou o E-type atrás de uma porta de garagem com um homem dizendo à sua mulher: "Uma última palavra, este é um Jaguar E-type, e para você o 'E' significa *expensive* [caro] – e NÃO *expendable* [dispensável]".

Todos desejam um E-type

Esta foto publicitária de julho de 1961 mostra 56 roadsters E-type do lado de fora do bloco de escritórios de Browns Lane, prontos para serem levados por ávidos concessionários. Foram os primeiros carros a serem liberados para demonstração, e os concessionários estavam proibidos de vendê-los por três meses.

Na época do lançamento, a Jaguar antecipou que teria de produzir cem carros por semana para conseguir atender à demanda durante os anos seguintes, mas esse cálculo estava errado. Em apenas alguns meses, a empresa anunciou um importante aumento de seu quadro de funcionários a fim de passar a produzir 150 E-types por semana, já que as listas de espera se avolumavam.

De E para XK-E

A ilustração, um pouco fora de proporção, foi retirada de um dos catálogos mais simples, produzidos para os EUA.

Enquanto o E-type se tornou um nome lendário em todo o mundo, nos EUA, o carro era chamado de XK-E. A série XK, de 120 a 150, havia virado objeto de adoração nos EUA, e sua continuidade parecia importante para a Jaguar Cars North America Inc, embora o pessoal em Browns Lane não aprovasse a ideia. O importador americano era uma entidade separada da própria Jaguar e, por isso, podia fazer como preferisse. Delegar as vendas e o marketing do novo carro permitiu à Jaguar economizar dinheiro!

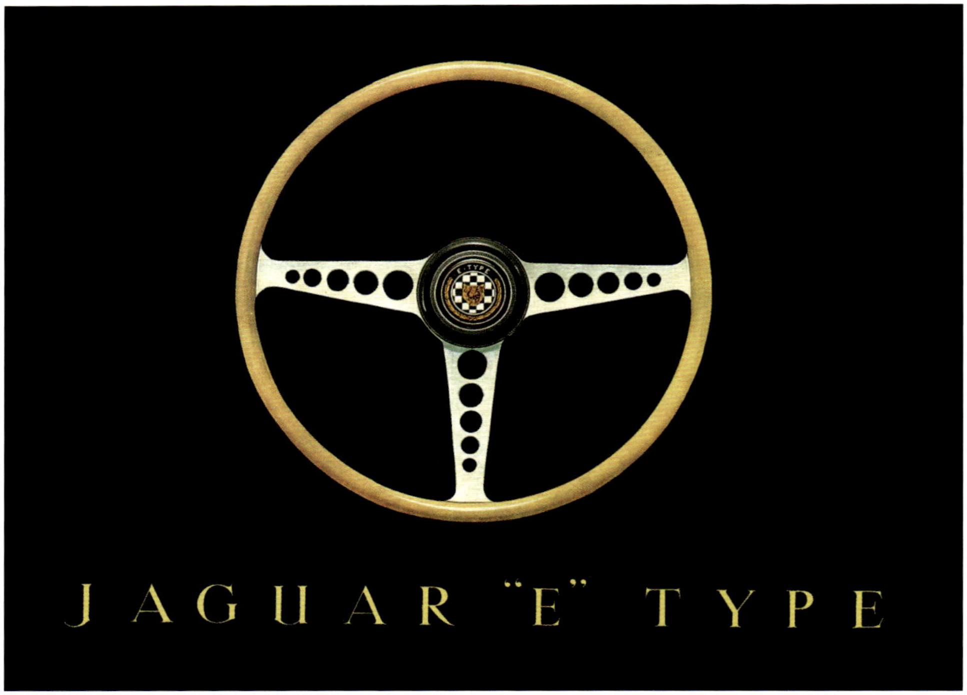

O E-type no papel

O catálogo de lançamento do E-type foi uma iniciativa dispendiosa que mostrava em sua capa, pela primeira vez, o volante de direção de madeira com três raios, que se tornaria uma característica importante da identidade do carro.

Há dois aspectos surpreendentes neste catálogo. Primeiro, embora a linhagem de corrida da Jaguar fosse mencionada na introdução, nenhuma ênfase foi dada às corridas. Houve um grande esforço para enfatizar os aspectos grã-turismo do E-type – todos os carros eram referidos como modelos "GT" –, em vez de ressaltar suas amplas características esportivas.

Segundo, apesar da generosidade do catálogo espiralado de 14 páginas com capa dura e tratamento em cores, foi pouca a cobertura a respeito das avançadas características técnicas do E-type. Por exemplo, não há fotografias ou desenhos, nem da nova suspensão traseira independente (embora isso fosse aparecer em toda a glória multicolorida do catálogo do sedã Mark X alguns meses depois), muito menos do famoso motor XK. Este teria ficado magnífico numa foto de capô aberto.

Esse catálogo, o único produzido para o E-type de 3,8 litros, teve uma segunda edição com lombada convencional, em vez da cara espiralada plástica da primeira edição.

Os carros para o catálogo original do E-type foram fotografados em estúdio contra um painel pintado com a imagem de um céu. Depois, as fotos eram suavizadas com aplicação de verniz por meio de aerógrafo para um melhor efeito, como se pode ver nas imagens coloridas do cupê e do roadster que integravam o catálogo.

PREÇOS DO E-TYPE NO LANÇAMENTO (EM LIBRAS)

Roadster de dois lugares **1.480**	Cupê **1.550**	Teto rígido removível **54**
Imposto sobre consumo **617**	Imposto sobre consumo **646**	Imposto sobre consumo **22**
Total **2.097**	Total **2.196**	Total **76**

Apesar da promessa contida nesta imagem do catálogo de lançamento, o modelo de teto rígido removível só se tornou disponível na cor da carroceria muito tempo depois.

1962
Os dois estilos de carroceria

Os modelos da Série 1 de 3,8 litros são, sem dúvida, os mais puros da longa linha de E-types de produção, e a estratégia da Jaguar de comercializar, ao mesmo tempo, um roadster e um cupê desde o começo foi um tiro certeiro. Enquanto o roadster proporcionava o verdadeiro estilo de carro esporte que permitia sentir o vento no rosto, o cupê trazia o apelo do grã-turismo enfatizado no catálogo, ainda sem levar o desempenho em conta.

A estratégia se mostrou interessante e bem equilibrada durante os anos iniciais das vendas do E-type. Desconsiderando as vendas de 1961, que foram voltadas à disponibilidade de carrocerias e aos planos iniciais de produção, no restante do tempo, as vendas dos modelos de 3,8 litros foram bem distribuídas entre os dois tipos de carroceria. No Reino Unido, os cupês venderam mais que os roadsters, na proporção de mais de dois para um, talvez devido ao clima instável. Nos Estados Unidos, no entanto, as vendas foram distribuídas de forma igual, e em algumas regiões havia maior preferência pelo roadster.

O sucesso inicial do E-type pode ser creditado ao seu desempenho, preço e estilo, embora a ordem não tenha de ser essa. Ele nunca foi igualado por qualquer outro carro esporte em nenhum desses três aspectos.

O cupê

O E-type é adequado a um formato de cupê fastback, um estilo no qual a Jaguar seria a pioneira, transformando um carro esporte de dois lugares em um veloz, confortável e luxuoso grã--turismo. Seu desenho tem um equilíbrio sublime.

O cupê foi um sucesso instantâneo em todo o mundo, talvez em boa medida devido à exposição que o carro teve nos salões de automóveis internacionais. Apesar de o roadster ter sido mais procurado durante a moda dos carros clássicos, a popularidade do cupê aumentou nos últimos anos.

O estilo esteticamente agradável do cupê acabou ressurgindo com o XK8, lançado em 1996. Como ocorreu com o E-type, a versão fechada do XK8 mostra o estilo de maneira bem melhor que a versão conversível.

Enfeitando a carroceria

O E-type seguiria a prática de produção do XK com a aplicação de uma quantidade considerável de detalhes cromados e outros enfeites, embora a "mula" E1A rebitada à mão tivesse pouco acabamento de carroceria. O desenho de Malcolm Sayer tinha um bom acabamento, e os detalhes brilhantes externos contribuíram para enfatizar o estilo soberbo e chamar a atenção para a qualidade.

Embora a abertura oval no nariz do capô fosse necessária para permitir a entrada da maior quantidade de ar possível para o motor, Sir William Lyons insistiu no uso de uma barra cromada, ostentando o emblema da Jaguar, para dar aquele toque de acabamento.

Os números da placa de licença sobre o capô se tornaram um aspecto controvertido do carro no Reino Unido, isso acompanhado de um debate sobre o uso de dígitos menores. Muitas vezes, a polícia do Reino Unido mal conseguia ver os números naquela disposição semi-horizontal.

Para manter o para-brisa limpo em velocidades próximas a 240 km/h, o E-type tinha a incomum solução de três limpadores.

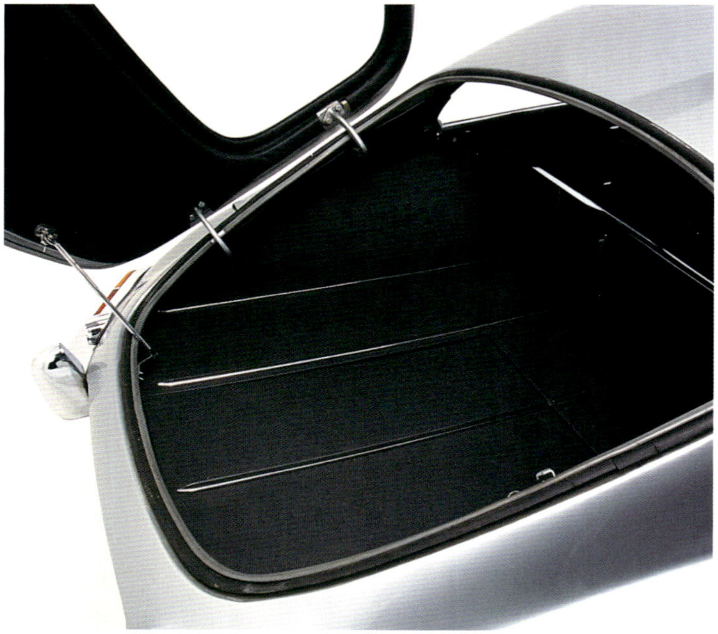

Tampa traseira articulada lateralmente

Uma tampa traseira inteiriça de ampla abertura dava acesso a uma plataforma livre e bem-acabada. Nos primeiros cupês, as dobradiças eram expostas e alguns proprietários reclamavam da ocorrência de danos à bagagem ao se fechar a tampa. Seu peso exigia a instalação de uma haste cromada para sustentá-la na posição aberta.

No final de 1962, a Jaguar passou a oferecer uma tampa traseira com aquecimento como opcional para o cupê.

Como um hatchback

Com um desenho elegante, o banco traseiro com encosto rebatível foi uma sacada inteligente, hoje presente em qualquer hatchback moderno. Isso tornava o cupê um ótimo carro de turismo para duas pessoas e sua bagagem. Era possível até levar esquis ou tacos de golfe.

Rodas raiadas

Até a chegada da versão Série III, em 1971, o E-type vinha sempre equipado com rodas raiadas de série, no início disponíveis com três tipos de acabamento – cinza, na cor da carroceria ou cromada. Isso significava um distanciamento dos modelos XK anteriores, que ofereciam uma opção de rodas de aço com fixação por parafusos ou de raios. Atenção para o detalhe mostrado nas porcas--borboleta dos cubos com o emblema "Jaguar".

Os olhos do gato

Bolhas de farol não eram tão incomuns nos anos 1960 e eram mais um detalhe estético (com vantagens aerodinâmicas) trazido do D-type. Elas não ajudavam a proporcionar uma iluminação eficiente, mas continuaram a equipar o carro por mais seis anos. A especificação original dos faróis era Lucas PL700, com seu característico padrão tripé.

O nome

O único lugar na parte externa em que o nome Jaguar aparecia era a tampa traseira (no cupê) ou a tampa do porta-malas (no caso do roadster). Diferente de outros modelos de sedã, o carro não exibia a cilindrada de 3,8 litros do motor.

Detalhes traseiros

As elegantes lanternas traseiras exemplificam a atenção que se dava aos detalhes do desenho, tão importante para Sir William Lyons. As bases dos encaixes dessas lanternas eram fundidas em Mazak e depois cromadas. Um tanto subestimados, os para-choques divididos na frente e na traseira também tinham elegância. Durante a montagem, eram selecionados à mão antes de serem fixados à carroceria, para assegurar o melhor encaixe possível. As garras se revelaram uma necessidade comprovada no uso de rua, em especial nos EUA, o mercado mais importante da Jaguar para o novo carro.

As maçanetas das portas

Até as maçanetas esculpidas das portas levaram algum tempo para serem desenvolvidas, já que a maioria dos primeiros protótipos não as tinha.

Uma objeção de Lyons

Durante o desenvolvimento do estilo do E-type, Sir William Lyons não havia gostado da maneira como o desenho da traseira elevada deixava aparecer o sistema de escapamento e o eixo traseiro. Mas, nessa ocasião, a aparência e as preferências do patrão tiveram de ficar em segundo lugar!

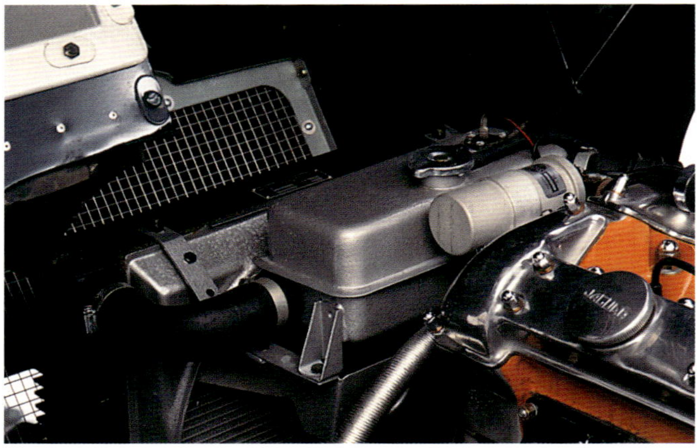

Instintos felinos

Apesar de ter sido lançado em 1948, o motor XK ainda estava em seus primórdios no lançamento do E-type. Na configuração que equipava todos os E-types, com 3,8 litros e carburadores SU triplos, o motor tinha uma aparência que impressionava, com tampas de árvores de comando de válvulas em alumínio polido e muita atenção aos detalhes de acabamento. Ele era bem instalado entre as armações em forma de "A" que o sustentavam e a suspensão, mas a facilidade de acesso – e, de certa forma, de manutenção – era um ponto fundamental do E-type.

Radiador de alumínio

Os E-types antigos tinham um radiador de alumínio (acima) com o tanque de água superior disposto em separado. Os E-types nunca tiveram uma refrigeração eficaz do motor, dificultada nos carros mais antigos pela falta de um ventilador convencional acionado pelo motor.

Facilidade de acesso

O capô articulado para a frente, visível no alto à direita, proporcionava facilidade de acesso ao compartimento do motor – e era um tanto simples remover o capô inteiro, se necessário. Até a fiação do sistema de iluminação da dianteira era fácil de desconectar.

Armações em A

Bem visível nesta vista de cima, está uma das armações em "A" da cor da carroceria, que suportam tudo à frente da parede de fogo. Os braços triangulares superpostos formam a suspensão dianteira. A instalação do motor XK era feita por baixo, embora durante a produção as armações fossem removidas para facilitar a colocação do motor.

Boa aparência, ronco agradável

O motor XK do E-type não tinha só beleza e um ronco agradável, mas também um desempenho exemplar. É de duvidar que outro motor de série em qualquer instalação daquele período pudesse ter velocidade ou aceleração semelhante ou parecesse tão belo como ele.

Se o torque na faixa intermediária e a flexibilidade eram adequados, a suavidade do motor XK, em todas as faixas de rotação, era excelente. E o som inconfundível, reminiscência dos antigos Jaguares de corrida, embora mais suavizado, estimulava os motoristas entusiastas a levar o motor ao limite.

Conforme foi publicado em sua edição de 24 de março de 1961, a *Autocar* chegou a 96,5 km/h em 6,9 segundos e foi de 0 a 160 km/h em 16,2 segundos com o 9600 HP, o famoso protótipo cupê, com uma velocidade máxima cronometrada de 242 km/h. É justo dizer que E-types de produção em série não poderiam ultrapassar a barreira mágica de 240 km/h, mas você poderia chegar perto disso se tivesse coragem, a relação de diferencial certa e o vento a favor!

Toques de estética

As tampas da árvore do comando de válvulas em alumínio polido eram uma característica do motor Jaguar XK que impressionava. A tampa das câmaras dos pistões dos carburadores dos carros mais antigos eram de bronze, mais tarde substituído por plástico preto. Outra atenção aos detalhes estéticos era o envernizamento vítreo dos coletores de escapamento.

A questão dos freios

O sistema de servo freio Kelsey-Hayes (de origem americana) um tanto incomum utilizado nos E-types de 3,8 litros, não era conhecido por sua eficiência, tampouco apreciado pelos motoristas desse carro.

Na verdade, os freios em geral recebiam críticas consideráveis. Embora os discos em si tivessem um bom tamanho, eles tinham dificuldade em dar conta do extraordinário desempenho do carro, faltando-lhes potência de verdade e não demorando a perder eficiência por superaquecimento com o uso repetido. Essa falha pegou a Jaguar de surpresa porque os freios, derivados dos que equipavam o XK150, haviam funcionado bem naquele carro mais pesado.

Apesar de tudo isso, os freios do E-type, por ironia, ainda superavam os da maioria da concorrência. Um aperfeiçoamento inicial da especificação foi a mudança do mecanismo do freio de estacionamento, para possibilitar o ajuste automático das pastilhas.

Aquecedor ineficaz

Apesar do tamanho da caixa preta do aquecedor sob o capô, ele não era eficiente, como vários proprietários constataram ao receber o carro. Mas o que o aquecedor ficava devendo em eficácia era compensado pelo calor na cabine, gerado pela caixa de câmbio e pelo sistema de escapamento!

AMPS
FUEL
OIL
RPM
IGNITION
CIGAR
STARTER
MAP

Novo desenho do painel

Na parte interna, o E-type era bem diferente dos demais carros esporte da Jaguar. O sedã Mark II, apresentado em 1959, foi lançado com um painel totalmente renovado e que seria adotado no E-type e em todos os carros seguintes da Jaguar até o primeiro sedã XJ6. O desenho colocava o conta-giros e o velocímetro diante do motorista, e os demais instrumentos no centro. Diferente de outros modelos da empresa, não havia nenhum detalhe em madeira. Os projetistas adotaram uma abordagem mais moderna com o E-type, dando aos instrumentos um acabamento de pintura preta e ligas anodizadas.

Detalhes agradáveis

A Jaguar valorizava os detalhes interiores de todos os seus carros. Entre as características atraentes estavam a clareza das marcações dos instrumentos, a alavanca de controle serrilhada do interruptor de luz, o tradicional botão de partida e a fileira de interruptores tipo lingueta. O desenho pode parecer proposital e semelhante ao de painéis de aviões, mas, na pressa, é difícil achar o interruptor certo. Havia apenas duas opções de rádio: uma versão de sintonia manual ou esta alternativa, com botões de pré-seleção e busca automática.

Acabamento simples nas portas

O acabamento dos painéis das portas era simples, embora a Jaguar utilizasse cromados para os arremates. As capas dos bancos eram de couro, e os outros acabamentos, de vinil.

O suntuoso volante

O volante de direção se tornaria um importante símbolo do carro. Este adorável volante de linhas esguias, com aro de madeira e três raios, era muito diferente das monstruosidades Bluemels de ferro fundido de quatro raios, que equipavam os modelos anteriores. O emblema, que fazia parte do botão da buzina, foi exclusivo do E-type durante toda a sua existência.

O elo mais fraco

A antiga caixa de câmbio Moss, embora aprimorada com o tempo quando a Jaguar assumiu sua fabricação, tinha uma operação muito lenta, com um curso de primeira para segunda longo em excesso. Embora um tanto barulhenta, ela era muito forte e durável. A embreagem, por sua vez, era um tanto pesada.

Cintos de segurança

Em 1962, a Jaguar começou a instalar pontos de ancoragem de cintos de segurança em todos os E-types, mas os cintos só passaram a ser obrigatórios em 1º de janeiro de 1965.

Os bancos, que pena...

A bordo do E-type, encaixado naqueles pequenos bancos-concha e segurando aquele volante elegante, você estava num mundo à parte. Mas aqueles bancos não eram muito confortáveis, ainda mais em viagens longas, pois proporcionavam menos apoio do que parecia.

Especificações

MOTOR

Descrição
Bloco de ferro-cromo com camisas secas, cabeçote de alumínio com dutos diretos, dupla árvore de comando de válvulas no cabeçote operando grandes válvulas em ângulo incluso de 70°. Pistões de liga de alumínio/bielas de aço, mancais de cabeça de biela de chumbo-índio. Virabrequim de sete mancais

Cilindrada
3.781 cm³

Diâmetro e curso
87 mm x 106 mm

Taxa de compressão
9:1 (8:1 opcional)

Potência máxima
265 cv a 5.500 rpm

Torque máximo
35,9 kgfm a 4.000 rpm

Carburadores
Três SU HD8 de 50,8 mm

TRANSMISSÃO

Caixa de câmbio
Moss de quatro marchas com sincronização em segunda, terceira e quarta

Relações

1ª	3,37:1
2ª	1,86:1
3ª	1,28:1
4ª	1,00:1

Cardã
Hardy Spicer com rolamento de agulhas

Eixo traseiro
Salisbury hipoide de deslizamento limitado montado no subchassi da suspensão traseira

Relações de diferencial
3,31:1
2,93:1
3,54:1

FREIOS

Dianteiros
Discos Dunlop tipo ponte de 279 mm de diâmetro, montados nos cubos das rodas

Traseiros
Discos Dunlop tipo ponte de 254 mm de diâmetro, montagem interna entre as semiárvores de tração e o diferencial

Operação
Duplo circuito hidráulico Dunlop, servo mecânico Kelsey-Hayes tipo fole, pedal agindo sobre dois cilindros-mestres por barra de balanceamento

Freio de estacionamento
Alavanca central e soltura instantânea operando mediante pastilhas independentes nos discos traseiros, autoajustável

SUSPENSÃO

Dianteira
Independente. Braços triangulares transversais superpostos, barras de torção com amortecedores telescópicos. Barra estabilizadora atrelada aos braços triangulares inferiores

Traseira
Independente. Braços transversais inferiores articulados nas mangas de eixo e subchassi. Semiárvores de tração com juntas universais, duas molas helicoidais por lado com amortecedores telescópicos concêntricos. Tudo montado num subchassi fixado à carroceria por buchas de borracha e tensores duplos

DIREÇÃO

Tipo de sistema
Pinhão e cremalheira

Número de voltas entre batentes
2,75

Diâmetro de giro
11,3 m

Volante
Aro de madeira, com três raios de liga metálica, 406 mm de diâmetro

RODAS E PNEUS

Rodas
15 pol, 72 raios com cubos estriados

Pneus
6,40-15 Dunlop RS5 de série, Dunlop R5 de corrida opcionais (6,00-15 na dianteira, 6,50-15 na traseira, com rodas raiadas especiais de corrida)

DESEMPENHO

Roadster

Velocidade máxima
240 km/h

0-80 km/h
5,6 s

0-96,5 km/h
7,1 s

0-160 km/h
15,9 s

0-225 km/h
39,3 s

0-402 m
15,0 s

Consumo médio de combustível
7 km/l

Cupê

Velocidade máxima
242 km/h

0-96,5 km/h
6,9 s

0-160 km/h
16,2 s

0-402 m
14,7 s

Consumo médio de combustível
6,3 km/l

DIMENSÕES

Comprimento
4,45 m

Largura
1,66 m

Altura (roadster)
1.19 m

Altura (cupê)
1,22 m

Distância entre eixos
2,44 m

Bitola
1,27 m

Distância mínima do solo
140 mm

Peso (roadster)
1.197 kg

Peso (cupê)
1.202 kg

Longas jornadas

Tommy Wisdom dirigiu um E-type até os lagos suíços, em 1962, e escreveu sobre sua experiência na revista *The Motor*. Em sua viagem de 2.217 quilômetros, ele enfrentou todos os tipos de estradas e condições, e ainda assim o carro obteve um consumo médio de combustível de 7,4 km por litro.

Wisdom ficou bem impressionado com a rapidez e o conforto do carro, que se mantinha firme como uma rocha a velocidades acima de 160 km/h e não era afetado pelo declive acentuado das estradas. Não foi problema para ele acelerar o carro cerca de 30 km/h até 160 km/h, tão brando e dócil que era o motor. Wisdom concluiu seu artigo dizendo: "[...] eis aqui um carro de raça, que vale a pena aprender a usar corretamente".

Todos parecem ter se divertido em 1962, quando a revista *Motor Sport* levou um carro de imprensa para Mônaco, no final daquele ano. Embora o editor tenha apreciado a viagem relaxante, com uma direção de boa resposta e freios bons, ele foi enérgico a caixa de câmbio, com a inútil sincronização e o calor gerado no interior do carro pela constante troca das marchas. O tempo e a velocidade na viagem de volta a Calais relatados por ele são interessantes – pouco mais de 12 horas, a uma média de 100 km/h.

Aperfeiçoamentos

Quase desde o começo da produção, o E-type foi sendo aperfeiçoado, como acontece com a maioria dos carros enquanto são produzidos. Algumas mudanças eram feitas em resposta a críticas dos clientes, uma das quais se referia à falta de espaço para as pernas.

Em junho de 1962, portanto, a Jaguar refez a parte da frente do assoalho para aprofundar o espaço para as pernas, resultando na depressão bem visível no modelo prateado da fotografia. Os modelos anteriores ficaram depois conhecidos como E-types de assoalho plano.

Ao mesmo tempo, atendendo a reclamações a respeito da falta de recuo dos bancos, a fábrica fez um recesso na seção vertical do assoalho, atrás dos bancos, para que eles pudessem ser deslocados mais para trás. Observe o resultado na foto abaixo: ela foi feita de baixo, atrás do banco do motorista.

Vendas em 1962

Exportação	Reino Unido	Total
5.199	1.096	6.295

Estes números mostram a importância que a Jaguar dava ao satisfazer os mercados mundiais. Em 1962, havia atingido uma produção de 120 carros por semana, mas a demanda ainda superava a oferta – então foram tomadas providências para elevar a quantidade para 150 carros por semana.

1963
A lenda cresce

Após dois anos, o E-type em si havia mudado muito pouco, e sua importância no mercado de carros esporte era a mesma, apesar de carros mais novos estarem sendo lançados pelos concorrentes. Mesmo com a contínua e grande procura, o volume da produção caiu bastante em 1963, de um total de 6.295 unidades em 1962 para 3.999 – a grande esperança que a Jaguar tinha de produzir mais de 150 carros por semana nunca se concretizou. Na verdade, por duas vezes, em 1963, o fabricante lutou para chegar a este volume mensal.

Contribuíram para isso os problemas com sua complexa montagem somados ao tempo de trabalho ocupado com outros modelos: havia o sucesso ininterrupto do sedã Mark II, o lançamento do novo sedã S-type, a fabricação do grande Mark X e a mudança da montagem do Daimler para a fábrica de Browns Lane da Jaguar, junto com o sucesso do Daimler V-8 de 2,5 litros. Em 1963, como sinal do êxito contínuo, a companhia também anunciou a aquisição da Coventry-Climax.

No todo, as vendas do Jaguar estavam batendo recordes, e a procura por E-types ainda era grande, apesar da queda na produção. Como a maior parte dos E-types era fabricada para exportação, os compradores no Reino Unido tinham de ter paciência e esperar pelos seus novos carros, e os poucos exemplares usados que havia à venda alcançavam preços bem altos.

O penteado dá a pista! Este lugar no oeste do país não seria muito diferente hoje, mas esta é uma foto publicitária de 1963 do cupê, equipado com as rodas raiadas cromadas opcionais.

Exportações

Os E-types estavam sendo enviados para todo o mundo por terra, mar e ar, enquanto a Jaguar trabalhava arduamente para atender à demanda de exportação. Aqui, exemplares são embarcados em um avião com destino aos EUA (um meio bem caro de conseguir seu carro!) e, no porto, aguardam o embarque no navio *Empress of Canada*. Observe as capas de proteção nos para-choques e no teto de tecido.

Como mostra a foto de um cupê com especificação para os EUA, os carros destinados àquele país eram equipados com pneus de faixa branca.

Quem é quem

No começo, os compradores compunham uma espécie de lista "Quem é quem" de nomes famosos entre artistas e esportistas. Adam Faith, a estrela pop, estava entre os primeiros a receber seu exemplar. Sid James, ator da série de filmes *Carry On*, foi outro proprietário, embora nossa foto (embaixo, à direita) o mostre em um filme dos anos 1960.

O grupo The Dave Clark Five posou com um E-type para a capa de seu álbum *Catch Us If You Can* (à direita), e o próprio Clark adquiriu depois um Série 1 de 4,2 litros, em 1964. O Beatle George Harrison foi outro artista pop que teve um exemplar.

Entre os pilotos de corridas que tiveram E-types estavam Innes Ireland (carros), Mike Hailwood (motocicleta) e Donald Campbell (recordista de velocidade no solo).

Havia até um proprietário da realeza, o duque de Kent, e um capitão de indústria, o presidente da Black & Decker, Robert Appleby.

NÃO À TV
Quando a ITC estava produzindo *O Santo (The Saint)*, a série de TV baseada nos romances de Leslie Charteris, com Roger Moore no papel do infame Simon Templar, eles queriam que o personagem usasse um carro esportivo tipicamente britânico. O que poderia ser melhor que um E-type novinho? Um cupê na cor branca seria o ideal.

No entanto, a procura pelo carro era tão grande que Sir William Lyons podia até escolher os compradores dos carros. Permitir que uma empresa cinematográfica tivesse um E-type (por empréstimo gratuito!) naquela época não era algo que lhe agradasse. Ele nem precisava da publicidade, pois o carro já era muito conhecido – a lei era a da oferta e procura. E Simon acabou ficando com um Volvo P1800!

Console central modificado

No começo, os E-types utilizavam um aplique de liga leve decorado não só no painel de instrumentos, mas também na área do console central, embora o desenho do aplique houvesse mudado em novembro de 1962. Então, em agosto de 1963, o acabamento do console central passou a ser de vinil, e acrescentou-se um descansa-braço (com um espaço para guardar objetos sob sua parte superior articulada).

A MUDANÇA DE VISUAL DOS CARROS ESPORTE

Os novos carros de 1963 estavam tentando derrubar o E-type do pódio.

Chevrolet Corvette Sting Ray 3.691 libras
Um desenho totalmente novo, disponível como um fastback, 250 cv.

Ferrari 250GT 6.272 libras
Agora com uma elegante carroceria fastback Pininfarina e potência de até 300 cv.

Jensen CV8 3.101 libras
Novo desenho de carroceria com motor americano de 6 litros e potência de 300 cv com 2+2 lugares.

Lotus Elan 1.496 libras
Um dois-lugares compacto inteiramente novo, pouca velocidade máxima, mas com forte aceleração.

Maserati 3500GT 6.118 libras
Supercarro italiano mais recente com potência de 235 cv em um elegante cupê com porta-malas.

Studebaker Avanti 2.941 libras
Novo cupê esportivo americano, 220 cv com estilo de vanguarda.

O E-type permaneceu o mais competitivo de todos esses carros, embora novos concorrentes da Mercedes (230SL) e da Porsche (911) estivessem para ser lançados.

Outras mudanças na produção em 1963

Após queixas por causa de danos em bagagens, as dobradiças da tampa traseira do cupê foram redesenhadas e equipadas com protetores. A essa altura, a tampa das câmaras do pistão dos carburadores já havia mudado de bronze para plástico preto.

Houve várias mudanças nas relações do diferencial desde o começo da produção, mas, em setembro de 1963, elas parecem ter sido padronizadas em 3,31:1, exceto para alguns mercados de exportação. Os carros destinados à Itália, Alemanha, Bélgica, França e Holanda tinham relação de 3,07:1, para um rodar mais suave. Os exportados para os EUA e o Canadá tinham relação de 3,54:1, para uma melhor aceleração por meio das marchas.

Barras protetoras

Pelos padrões dos EUA, o E-type era sempre um carro vulnerável, com tendência a sofrer pancadas e batidas ocasionais, em especial quando estacionado em áreas do centro das cidades. Como um acessório de mercado de reposição, barras protetoras cromadas foram desenvolvidas para proteger o bico e a área traseira entre os para-choques. Não era incomum ver esses acessórios instalados em outros E-types pelo mundo.

Números das vendas em 1963

Exportação	3.587
Reino Unido	412
Total	3.999

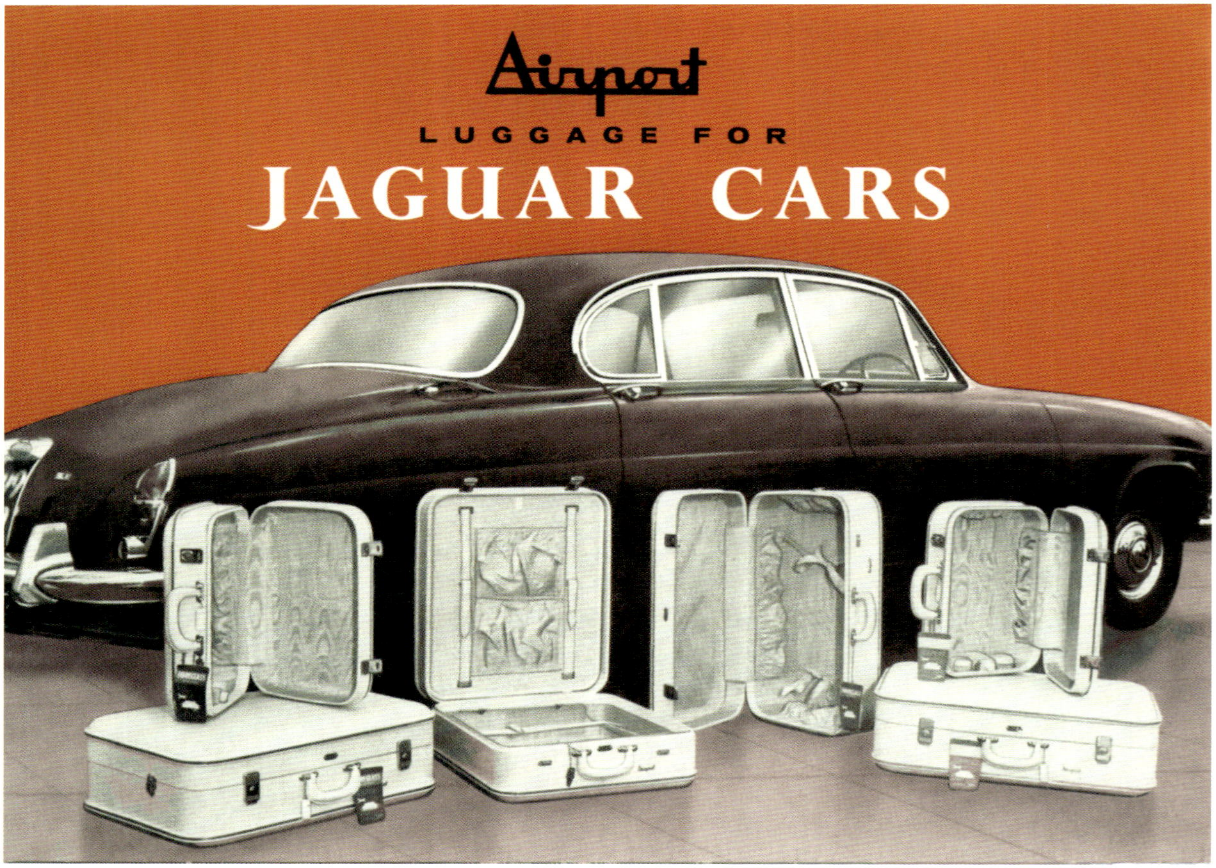

Sob medida

Por meio de sua rede de distribuição Henlys, a Jaguar oferecia uma série de malas para todos os modelos, inclusive para o E-type. Para o roadster, eram fornecidas apenas duas maletas, mas no cupê podiam ser acomodadas quatro. Na foto (na extrema direita), a visibilidade parece um tanto prejudicada!

Uma empresa independente também visava os proprietários de E-types. A S. Reid Ltd, de Fleet Street, em Londres, fornecia maletas “que cabiam em qualquer armário”, e, entre seus artigos, oferecia duas malas para o E-type por meras 12 libras, embalagem e frete incluídos.

Acessórios de fábrica para o E-type 3,8 litros

Rádio

Espelhos retrovisores do tipo Wing Mirrors

Tampa do tanque de combustível com chave

Vidros escurecidos

Teto rígido removível (para o roadster)

Cintos de segurança

Rodas de corrida raiadas (foto): tinham uma construção mais robusta que as de 72 raios de série.

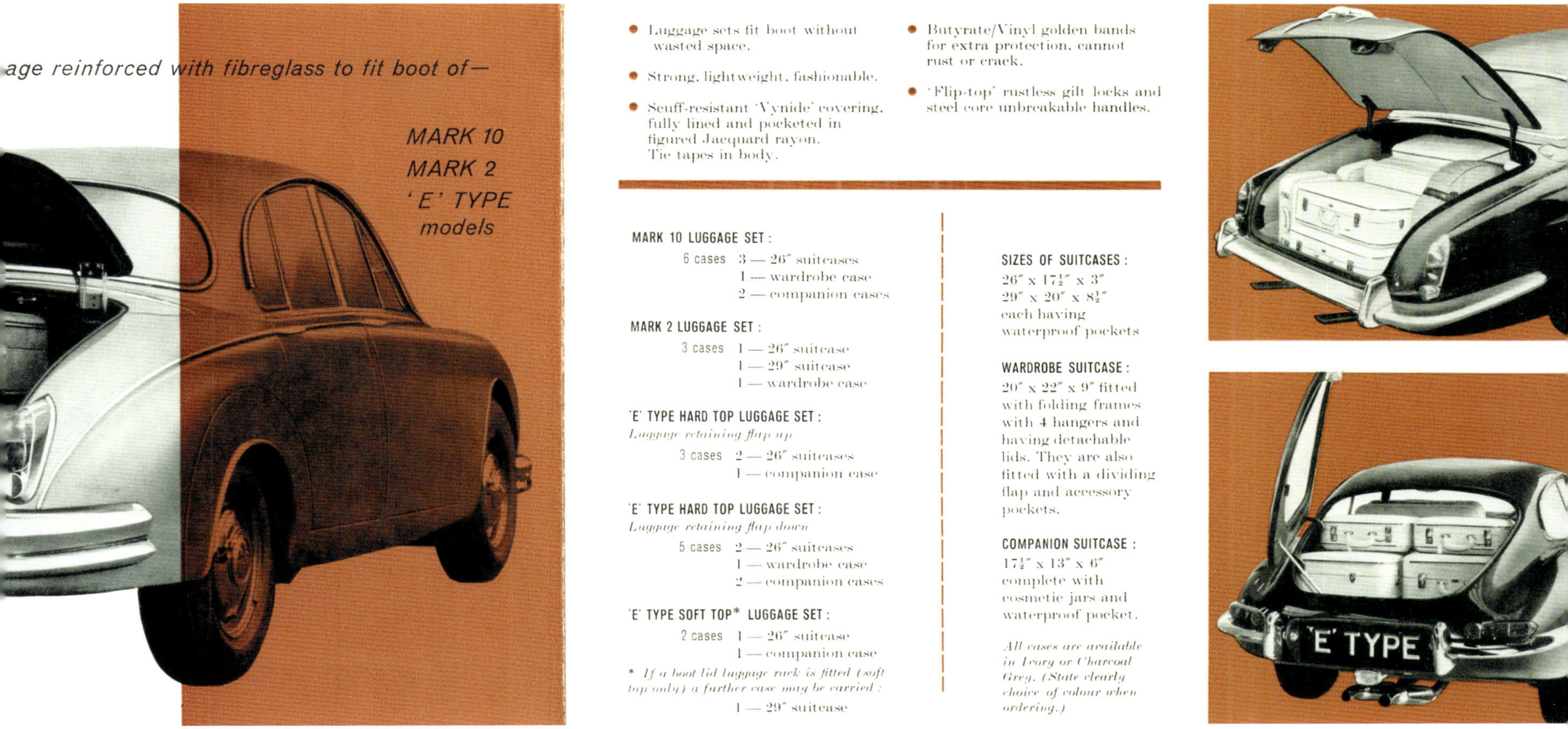

age reinforced with fibreglass to fit boot of—

MARK 10
MARK 2
'E' TYPE
models

- Luggage sets fit boot without wasted space.
- Strong, lightweight, fashionable.
- Scuff-resistant 'Vynide' covering, fully lined and pocketed in figured Jacquard rayon. Tie tapes in body.
- Butyrate/Vinyl golden bands for extra protection, cannot rust or crack.
- 'Flip-top' rustless gilt locks and steel core unbreakable handles.

MARK 10 LUGGAGE SET:
6 cases 3 — 26″ suitcases
1 — wardrobe case
2 — companion cases

MARK 2 LUGGAGE SET:
3 cases 1 — 26″ suitcase
1 — 29″ suitcase
1 — wardrobe case

'E' TYPE HARD TOP LUGGAGE SET:
Luggage retaining flap up
3 cases 2 — 26″ suitcases
1 — companion case

'E' TYPE HARD TOP LUGGAGE SET:
Luggage retaining flap down
5 cases 2 — 26″ suitcases
1 — wardrobe case
2 — companion cases

'E' TYPE SOFT TOP* LUGGAGE SET:
2 cases 1 — 26″ suitcase
1 — companion case

* *If a boot lid luggage rack is fitted (soft top only) a further case may be carried:*
1 — 29″ suitcase

SIZES OF SUITCASES:
26″ x 17½″ x 3″
29″ x 20″ x 8½″
each having waterproof pockets

WARDROBE SUITCASE:
20″ x 22″ x 9″ fitted with folding frames with 4 hangers and having detachable lids. They are also fitted with a dividing flap and accessory pockets.

COMPANION SUITCASE:
17½″ x 13″ x 6″ complete with cosmetic jars and waterproof pocket.

All cases are available in Ivory or Charcoal Grey. (State clearly choice of colour when ordering.)

Sucessos de corridas

Depois da vitória inaugural do E-type na corrida em Oulton Park, os carros competiram ainda em mais de trinta ocasiões em 1961, e mais de noventa em 1962. Em 1963, participando de cerca de duzentos eventos, ele ficou em primeiro lugar em inacreditáveis 93 vezes. Talvez o resultado mais notável tenha sido o nono lugar na classificação geral da 24 Horas de Le Mans, com o carro (à direita) pilotado por Briggs Cunningham.

Produção do Série 1 de 3,8 litros, 1961-64

Modelo	VD*	VE*	Total
Roadster	942	6.885	7.827
Cupê	1.798	5.871	7.669
Total	**2.740**	**12.756**	**15.496**

* VD: volante à direita; VE: volante à esquerda

Preço módico

Outra delicadeza da época era a oferta de um compartimento descansa-braço maior. Embora mostrado em um sedã Mark II, este item também era fornecido para o E-type por apenas 9 libras!

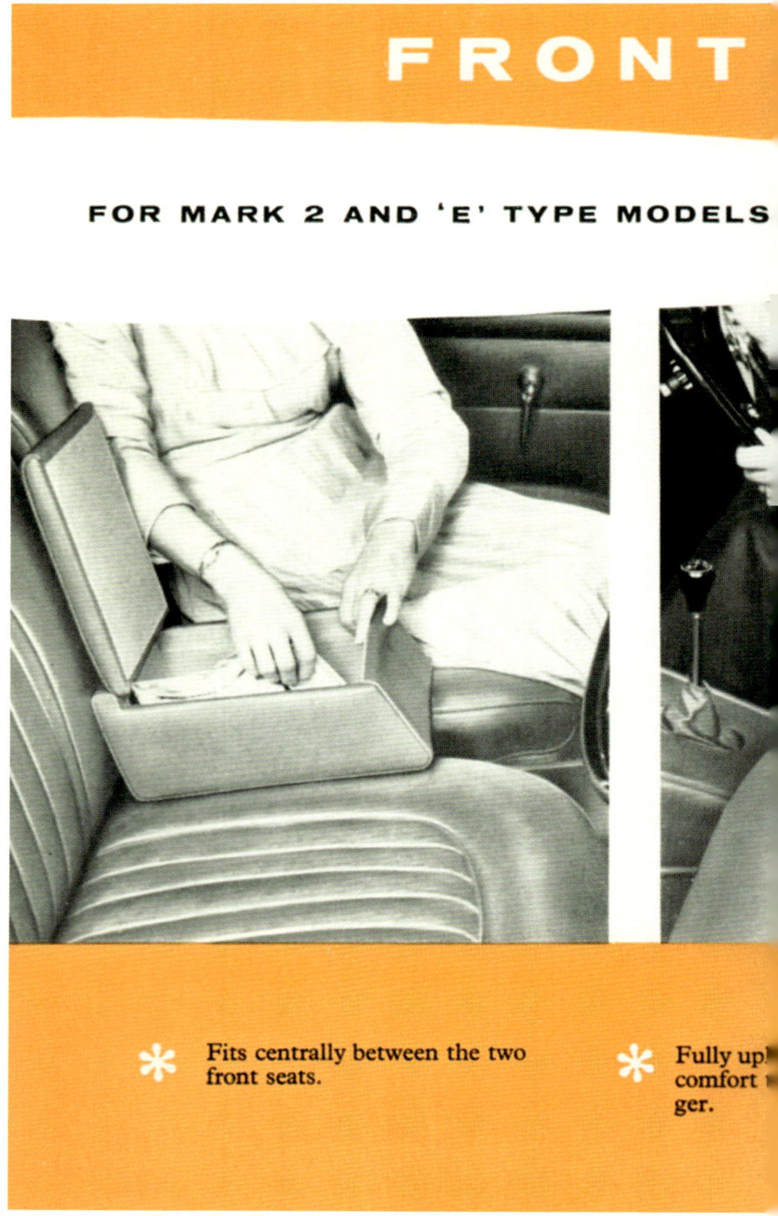

Teto solar acessório

Naqueles tempos remotos, não era incomum que vários fabricantes de acessórios produzissem itens para o modelo. A Tudor-Webasto fornecia e instalava um teto solar de lona para o cupê.

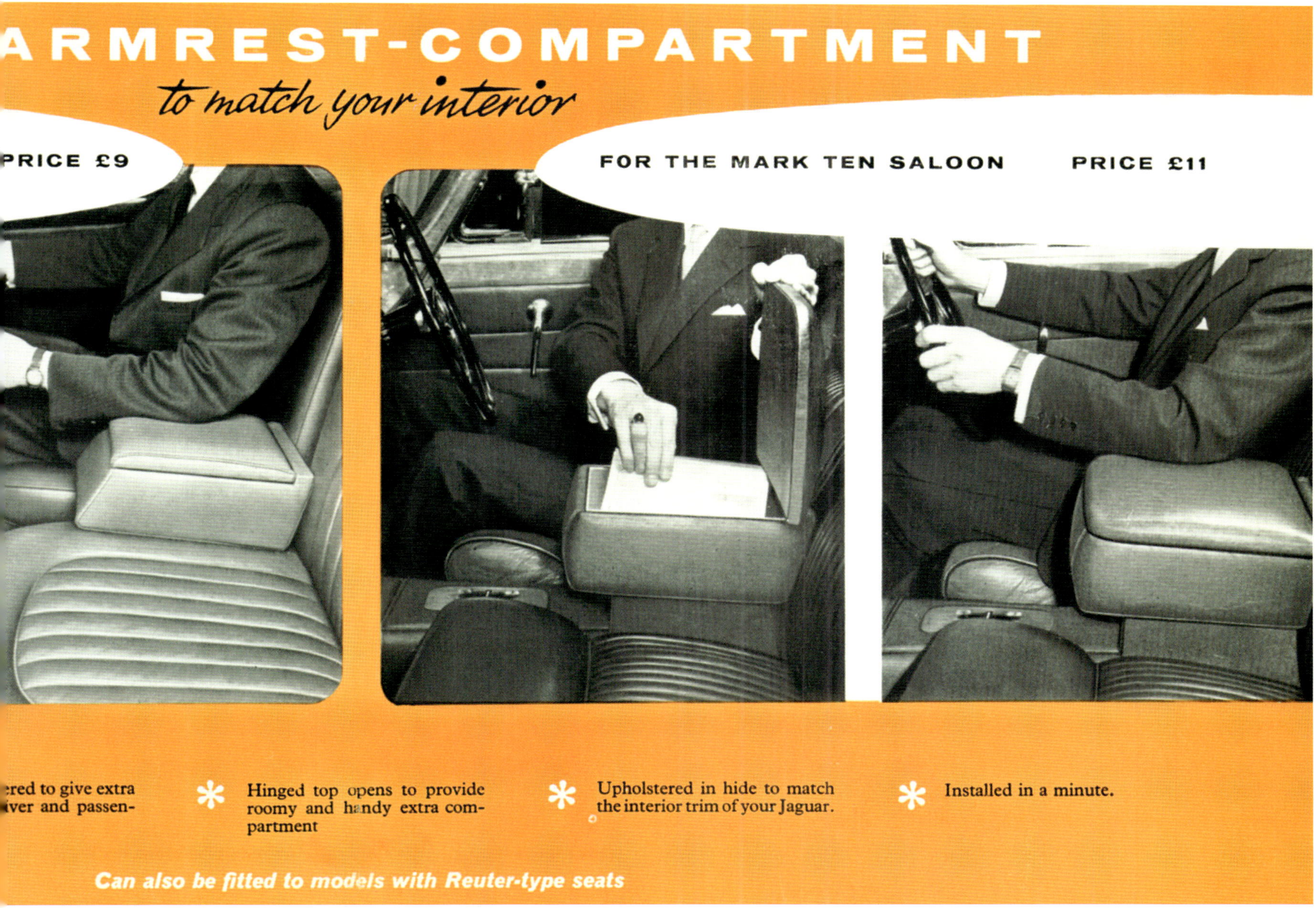

O entusiasmo duradouro da *Autocar*

A *Autocar* avaliou de novo o E-type em 1963, quando o carro testado, um cupê, custava mais de 1.900 libras, com o imposto sobre consumo. Com a modificação da relação do diferencial, os jornalistas de teste acharam que o carro estava melhor para rodar em estrada, com uma velocidade máxima um pouco maior. Embora o aumento do espaço para as pernas na dianteira (graças ao assoalho redesenhado, lançado em 1962) tivesse agradado, os pedais muito verticais foram considerados cansativos para o motorista. Pequenas críticas continuaram sendo feitas ao sistema de aquecimento e ventilação, mas no geral, o carro era tão bom como sempre fora. "O cupê E-type demonstra de maneira marcante valer o que custa. Ele é feito para um tipo especial de uso e seu tremendo desempenho sem esforço, combinado com docilidade em baixas velocidades, é para o apreciador de passeios em alto estilo."

E-TYPE

SÉRIE 1 4,2-LITROS

1964–1968

1964 Uma Série 1 muito aprimorada

Somente em outubro de 1964, a Jaguar anunciou grandes modificações no E-type. O lançamento do novo modelo, o E-type 4,2-litros, realizou-se no Salão Britânico de Earls Court e foi um acontecimento menos agitado que o lançamento original em Genebra, em 1961.

Todas as mudanças causaram uma melhora do conceito geral do carro e não tiraram nada do original. A Jaguar percebeu, é claro, que não havia necessidade de modificar a então familiar pureza de estilo e linhas. Na verdade, a única diferença externa foi o emblema "4.2", colocado na tampa do porta-malas do roadster e na tampa traseira do cupê, sob a inscrição "E TYPE".

As mudanças para o modelo de 4,2 litros foram consequência do desenvolvimento natural, e alguns painéis de carroceria e estruturais foram modificados para satisfazer exigências de aspecto mecânico e de acabamento.

Tática inteligente

Várias vezes, durante anos a Jaguar anunciara um novo modelo como um acréscimo à série, por receio de afetar as vendas da versão anterior.

Assim foi com o E-type 4,2-litros, que a empresa identificou como um novo modelo, adicional às versões de 3,8 litros existentes. Mas, na verdade, não foi isso que ocorreu, já que a linha de produção passou a se dedicar exclusivamente ao modelo de 4,2 litros, e em nenhum momento houve um catálogo que mostrasse os modelos de 3,8 e 4,2 litros juntos.

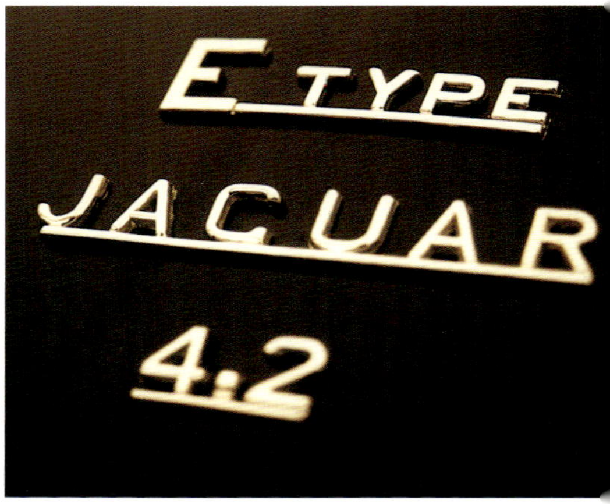

Preços do E-type 4,2-litros

Roadster de dois lugares	**1.568 libras**
Imposto sobre consumo	**328 libras**
Total	**1.896 libras**
Cupê	**1.648 libras**
Imposto sobre consumo	**344 libras**
Total	**1.992 libras**

Apesar de passados mais de três anos, o preço do cupê havia aumentado apenas 98 libras – uma redução do imposto sobre consumo no Reino Unido, em 1963, permitiu isso.

Proporcionando mais torque

A grande atuação da Jaguar nos anos 1960 foi em relação ao torque: para satisfazer as exigências da série de carros sedã e, em especial, o enorme modelo Mark X, priorizou-se o torque em médias rotações. Como isso exigia um redesenho do já existente motor XK, o E-type também se beneficiaria dessas modificações.

O princípio das mudanças era aumentar a cilindrada do motor, de 3.781 para 4.235 cm³. Esta era a segunda vez que a Jaguar aumentava o deslocamento volumétrico de seu motor em relação à sua especificação original, de 3.442 cm³. A maior cilindrada foi obtida com um aumento do diâmetro dos cilindros, de 87 para 92 mm. Isso causou uma mudança dos cilindros no interior do bloco. Os de número 1 e 6 foram levados mais para fora, enquanto o 3 e o 4 foram aproximados. O novo bloco também necessitou de um novo virabrequim, mais resistente. O resultado final dessas mudanças foi o aumento do torque de 37,2 para 39,1 kgfm, nas mesmas 4.000 rpm.

Entre outras modificações do motor, havia a instalação de novos pistões e anéis, uma melhora na circulação de água e um novo coletor de admissão. O radiador, antes de liga leve, foi trocado por um modelo em cobre.

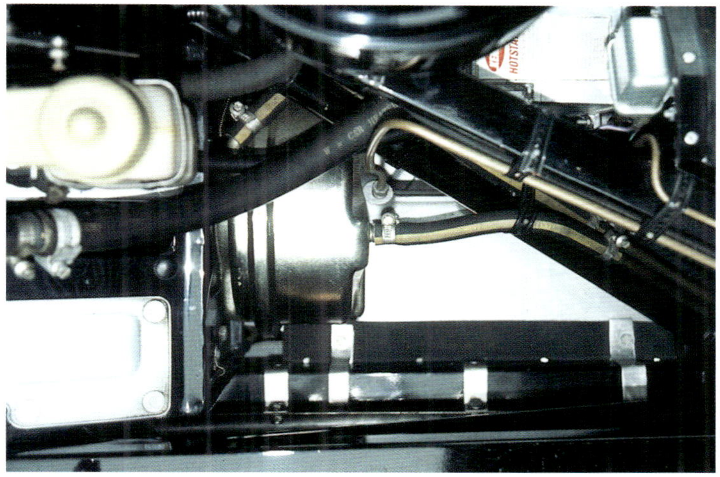

Freios melhores

O servofreio de diafragma Kelsey-Hayes foi substituído por outro do tipo convencional Lockheed. O sistema, maior e mais eficiente, tinha a vantagem de reduzir a força sobre o pedal em até 40%. O sistema de freios de dois cilindros-mestres do E-type foi mantido.

Melhorias elétricas

Tornar o motor mais atualizado envolveu a substituição do dínamo por um alternador (foto) e a instalação de um motor de partida do tipo pré-engrenamento (antes era tipo inercial). O sistema elétrico foi alterado de aterramento positivo para negativo, seguindo uma prática comum na época.

Novo câmbio

Talvez a melhor novidade do E-type renovado – para aquelas poucas pessoas que tiveram, de fato, a oportunidade de apreciar o E-type antigo! – tenha sido a instalação de uma caixa de câmbio totalmente nova.

Desenhada com quatro marchas sincronizadas, era mais silenciosa e fácil de operar do que a antiga caixa da Moss, famosa por seu longo curso entre primeira e segunda, o ruído em primeira e a lenta atuação da sincronização – problemas que a fábrica eliminou com a nova caixa de câmbio. As relações eram mais adequadas ao carro, embora a sensação de degrau da alavanca de câmbio permanecesse como uma crítica pouco importante.

A nova caixa de câmbio era combinada com uma nova embreagem de diafragma Laycock de 254 mm de diâmetro, embora o fornecedor tenha sido substituído depois pela Borg & Beck. O curso do pedal foi bem reduzido com essa nova embreagem, facilitando a vida do motorista.

No E-type de 4,2 litros, a Jaguar lançou mão do diferencial mais longo, 3,07:1, usado no 3,8-litros para o mercado europeu. Foram instaladas molas traseiras mais duras para impedir que as partes inferiores do carro tocassem o solo durante uma forte aceleração ou em ruas de superfícies onduladas.

Especificações

MOTOR

Descrição
Bloco de ferro-cromo com camisas secas, cabeçote de alumínio com dutos diretos, dupla árvore de comando de válvulas no cabeçote operando grandes válvulas em ângulo incluso de 70º. Pistões de liga de alumínio, bielas de aço, mancais de cabeça de biela de chumbo-índio. Virabrequim de sete mancais.

Cilindrada
4.235 cm³

Diâmetro e curso
92,07 mm x 106 mm

Taxa de compressão
9:1 (8:1 opcional)

Potência máxima
265 cv a 5.400 rpm

Torque máximo
39,1 kgfm a 4.000 rpm

Carburadores
Três SU HD8 de 50,8 mm

TRANSMISSÃO

Caixa de câmbio
Quatro marchas sincronizadas

Relações

1ª	2,88:1
2ª	1,74:1
3ª	1,27:1
4ª	1,00:1

Cardã
Hardy Spicer selado com rolamento de agulhas

Eixo traseiro
Salisbury hipoide de deslizamento limitado montado no subchassi da suspensão traseira

Relação de diferencial
3,07:1 (roadster)
3,31:1 (cupê)

SUSPENSÃO

Dianteira
Independente. Braços triangulares transversais sobrepostos, barras de torção e amortecedores telescópicos. Barra estabilizadora atrelada aos braços triangulares inferiores

Traseira
Independente. Braços transversais inferiores articulados nas mangas de eixo e subchassi. Em cada lado, semiárvores de tração com juntas universais, duas molas helicoidais com amortecedores telescópicos concêntricos, montadas em subchassi fixado por buchas de borracha, com tensores duplos

FREIOS

Dianteiros
Discos Dunlop tipo ponte de 279 mm de diâmetro montados nos cubos das rodas

Traseiros
Discos Dunlop tipo ponte de 254 mm de diâmetro com montagem interna entre as semiárvores de tração e o diferencial

Operação
Duplo circuito hidráulico Dunlop, servo-freio a vácuo Lockheed

Freio de estacionamento
Alavanca central de soltura instantânea, com pastilhas independentes nos discos traseiros, autoajustável

DIREÇÃO

Tipo de sistema
Pinhão e cremalheira

Número de voltas entre batentes
2,75

Diâmetro de giro
11,3 m

Volante
Aro de madeira, três raios de liga metálica, diâmetro de 406 mm

RODAS E PNEUS

Rodas
15 pol., com 72 raios e cubos raiados

Pneus
6,40-15 Dunlop RS5 de série, Dunlop R5 de corrida opcionais (6,00-15 na dianteira, 6,50-15 na traseira, com rodas raiadas especiais de corrida)

DESEMPENHO

Velocidade máxima
240 km/h

0-80 km/h
4,8 s

0-96,5 km/h
7,0 s

0-160 km/h
17,2 s

0-402 m
14,9 s

Consumo médio de combustível
6,5 km/l

DIMENSÕES

Comprimento
4,45 m

Largura
1,68 m

Altura
1,22 m

Distância entre eixos
2,44 m

Bitola
1,27 m

Distância mínima do solo
140 mm

Peso
1.252 kg

Bancos mais confortáveis

Internamente, o E-type passou por grandes mudanças de estilo e conforto após várias queixas a respeito da falta de apoio dos duros bancos-concha, em especial em trajetos longos. Para eliminar esse problema, a Jaguar instalou novos bancos, maiores, com um perfil mais achatado, melhor estofamento e com mais acolchoamento. Essa mudança para bancos maiores e com pregas convencionais foi bem recebida por todos. Outra boa providência foi alterar a inclinação do encosto, uma medida que também facilitou o acesso à parte atrás dos bancos.

Entre outras modificações, algumas das quais presentes também no último dos modelos de 3,8 litros, estava a adoção de puxadores de portas que serviam como descansa-braço. Pela primeira vez, havia um sistema de ar-condicionado de fábrica para modelos com volante à esquerda. Devido à posição dos controles e equipamentos e à falta de espaço em torno da parede de fogo, não era viável instalar ar-condicionado em veículos de volante à direita – o que pode ter prejudicado as vendas para países como Austrália e África do Sul.

O E-type recebeu um interessante elogio da *Autocar*, que considerou seu painel de instrumentos um dos melhores que havia por sua legibilidade, facilidade de uso e compreensão, criticando apenas a posição do cinzeiro! Alguns anos depois, esse mesmo painel de instrumentos viria a ser considerado um pesadelo ergonômico...

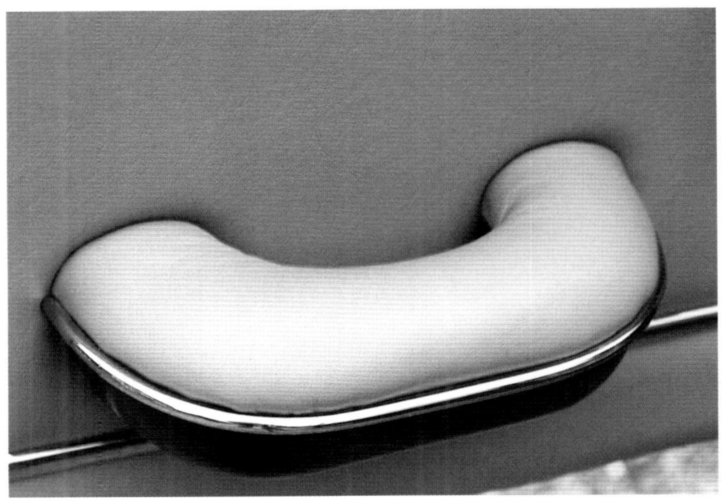

O vinil substitui o metal

Além dos novos bancos, o painel de instrumentos do E-type e o console central perderam o brilho, com o acabamento de vinil substituindo o de metal. Percebeu-se que o acabamento de metal era muito brilhante e fácil de ser danificado. O vinil preto também parecia estar mais de acordo com outros modelos Jaguar da época, como o sedã Mark II, por exemplo, tendo um acabamento da mesma cor para seu painel central. E também, provavelmente, porque o vinil era bem mais barato que o metal...

Detalhe

Para maior segurança, foi instalada uma trava na maçaneta de abertura remota da tampa do porta-malas do roadster.

Concorrentes do E-type 4,2-litros

Austin-Healey 3000 Mark III 1.107 libras
149 cv com desempenho aumentado e madeira compensada

Daimler SP250 1.356 libras
O fim da linha para este aqui

Volvo P1800 1.652 libras
Agora fabricado na Suécia

Jaguar E-type 4,2-litros 1.993 libras

Porsche 911 2.745 libras
Apenas 130 cv, mas com uma estabilidade excepcional

Mercedes 230SL 3.463 libras
Pouca potência, mais GT do que esportivo

Jensen CV8 3.491 libras
Ainda veloz, mas com desenho antiquado

Iso Rivolta 4.000 libras
Um supercarro com motor V-8 americano, 300 cv, quatro lugares

Aston Martin DB5 4.249 libras
5 marchas, freios com duplo circuito

Ferrari 330GT 6.218 libras
Novo motor V-12 com 340 cv

O glorioso E-type ainda mantinha sua posição no topo da lista de carros esportivos em todo o mundo. Em termos reais, é duvidoso que o Volvo pudesse ser considerado um verdadeiro concorrente, apesar de sua atividade promocional na televisão com a série *O Santo*. Naquela época, o Austin-Healey, embora fosse um bom carro esportivo britânico tradicional, era antiquado e considerado por muitos como simples e mal-acabado. O Daimler não tinha estilo, apenas o Porsche se aproximava um pouco do preço do E-type, mas sem o seu desempenho ou visual.

O E-type de 4,2 litros, visto aqui em uma foto publicitária da época, tinha um melhor torque na faixa média, freios mais eficientes e bancos mais confortáveis.

Estratégia de comercialização

Nessa época, os E-types se vendiam sozinhos. Embora o novo modelo tivesse recebido ampla cobertura da mídia, quando se tratava da comercialização do carro pela própria Jaguar por meio dos catálogos, havia um grande contraste com o modelo de 3,8 litros.

Não havia mais os caros catálogos de papel acetinado, substituídos por um folheto dobrável de uma só folha com uma imagem desenhada do nariz de um E-type na capa. Dentro, como se pode ver, uma foto grande do cupê fazendo sombra a uma imagem muito menor do roadster. Os detalhes dos aprimoramentos que o carro recebeu eram explicados com figuras ilustrativas, surpreendentemente em preto e branco.

Este era apenas o catálogo promocional feito para a Série 1 de 4,2 litros, em boa medida representativo da postura da Jaguar em relação aos demais modelos. Após o lançamento bem-sucedido de um modelo, era prática normal da Jaguar reduzir as ações de comercialização e publicidade se as vendas estivessem se mantendo em ritmo forte – contenção de custo!

Uma imagem de velocidade

Esta era uma forma incomum de fazer propaganda do Jaguar. A ênfase na velocidade do carro contrasta com as imagens estáticas dos catálogos de vendas.

A reação da imprensa

A *Autosport* foi a primeira revista a pôr as mãos em um modelo de 4,2 litros, em outubro de 1964. O piloto de testes John Bolster aprovou todas as modificações e, em suas conclusões, elogiou o novo câmbio: "O novo Jaguar 4,2-litros é mesmo um grande carro. Quase inacreditavelmente suave, silencioso e flexível, ele é também confortável em ruas com bom pavimento ou não. Embora tenha um tremendo desempenho, é capaz de trafegar durante horas no trânsito lento das cidades sem problemas. Acrescente-se a tudo isso um novo câmbio, que os entusiastas de Jaguar vão considerar o maior aperfeiçoamento de todos, e você terá um carro que vale 4.000 libras por 1.992 libras".

A revista *The Motor* também testou o E-type 4,2-litros em 1964 e o dirigiu por mais de 3.200 quilômetros. Comparando o carro ao de 3,8 litros, eles o consideraram de maior torque, embora com pouca diferença no desempenho em rotação máxima ou aceleração final. O câmbio foi considerado o maior atributo do novo carro: "[...] uma boa caixa de câmbio para condições normais de rodagem, excelente para transmitir tanta potência".

E prosseguiam dizendo: "Estabilidade, direção e freios são de tal qualidade que motoristas sensíveis jamais vão achar um incômodo a relação potência-peso de 220 cv por tonelada". E compararam o E-type aos congêneres Chevrolet Corvette Sting Ray, Daimler SP250, Austin-Healey, Porsche 911 e Lotus Elan. O Jaguar foi o mais rápido em testes de velocidade máxima e aceleração e não ficou muito atrás em matéria de consumo de combustível.

Produção em 1964

	Roadster	Cupê	Total
3,8-litros	1.340	1.628	2.968
4,2-litros	461	513	974
Total	1.801	2.141	3.942

Em 1964, a produção englobou as duas cilindradas de motor, com os modelos de 3,8 litros sendo a maioria dos montados no ano. A quantidade total de E-types fabricada no ano se aproximou dos números de 1963, mas ainda foi inferior aos de 1962.

The 4·2 litre 'E' Type Jaguar

1965 O E-type consolida sua posição

Não havia nenhuma dúvida de que o novo modelo de 4,2 litros havia acertado na mosca e tornado o E-type um carro muito melhor. A combinação de mais torque na faixa média e câmbio suave como seda (comparado à antiga caixa Moss) foram responsáveis pelo resultado. Do ponto de vista estético, o interior era mais agradável e o carro, mais seguro. Na verdade, ainda era o melhor carro esporte do mundo.

Agora, já era mais fácil adquirir os E-types, quando a elevada procura de 1961 havia se tornado bem menos intensa. O novo modelo ainda representava um páreo duro para os concorrentes, como se pode observar na tabela comparativa de desempenho (veja na página ao lado).

De certa forma, o aumento do desempenho do E-type e sua firme posição no mercado não foram levados em conta no Reino Unido, onde foi imposto, pela primeira vez, um limite de velocidade experimental de 112 km/h, esfriando o entusiasmo das pessoas em dirigir carros de alto desempenho.

Mudanças na produção em 1965

Mudanças continuaram sendo feitas para melhorar ainda mais o E-type.

A relação do diferencial do cupê foi alterada em 1965 de 3,31:1 para 3,07:1, para todos os mercados, exceto os dos EUA e do Canadá. Engrenagens intermediárias chanfradas foram instaladas na caixa de câmbio para reduzir o ruído na cabine.

O friso cromado em volta da capa protetora da alavanca de câmbio foi eliminado nesse ano, e um acabamento de plástico substituiu a moqueta nos arcos das rodas traseiras, e, pela primeira vez, o pisca-alerta passou a ser equipamento de série em alguns modelos.

COMPARAÇÃO DE DESEMPENHO

	Vel. máxima	0-80 km/h	32-64 km/h*
Jaguar E-type 4,2-litros FHC	**241 km/h**	**4,8 s**	**5,5 s**
Chevrolet Corvette Sting Ray	236 km/h	5,1 s	5,1 s
Daimler SP250	199 km/h	6,9 s	6,9 s
Austin-Healey 3000 MkIII	198 km/h	7,0 s	6,0 s
Aston Martin DB5	233 km/h	5,6 s	8,0 s
AC Cobra	217 km/h	5,0 s	5,5 s

* Última marcha

De quem foi esta ideia?

A abordagem da Jaguar nas imagens publicitárias do E-type era, às vezes, incomum, mas este exemplo do 4,2-litros é da mais excêntrica de todas!

NÚMEROS DA PRODUÇÃO DE 1965

Roadsters
2.237

Cupês
3.056

Total
5.293

A produção cresce

A fabricação do novo E-type 4,2-litros demorou a começar, mas, em 1965, as quantidades aumentaram de maneira constante, tornando este o segundo ano mais produtivo até então (após 1962).

Essa reação da produção foi excelente, diante de algumas dificuldades que surgiram na época. Grandes greves na indústria automobilística e, às vezes na própria Jaguar, causaram, naquele ano, oscilações no fornecimento de componentes e uma produção inconstante. O anúncio de que a Pressed Steel Fisher (principal fornecedor de carrocerias de automóveis da indústria automobilística britânica) havia se associado à British Motor Corporation também afetou a indústria, e, no ano seguinte, isso também teria um efeito importante sobre a Jaguar.

Gente que acelera

O E-type foi usado como suporte em várias campanhas publicitárias – de maquiagem a segurança no trânsito. Talvez o anúncio mais conhecido tenha sido o da companhia petrolífera National Benzole em meados dos anos 1960.

Outros produtos que utilizaram imagens do E-type foram charutos Toledo (W.D. & H.O. Wills), tabaco Gold Block (Ogden's), rádios Smiths, câmeras Polaroid, roupas British Wool, uísque Dewar's e câmeras Pentax.

Mais caro na Europa

Embora o preço do E-type fosse considerado ótimo no Reino Unido, os impostos o faziam ser mais alto nos demais mercados europeus. Os preços abaixo são equivalentes em libras, com base nas taxas de câmbio de 1965.

Reino Unido	1.992 libras
Suíça	2.310 libras
Alemanha	2.610 libras
Itália	2.885 libras
França	3.151 libras
Dinamarca	4.392 libras

O que a imprensa disse

Durante aquele período de doze meses, lua de mel para o modelo de 4,2 litros, a imprensa acolheu calorosamente o E-type.

"[...] uma combinação de desempenho, estabilidade, aparência e refinamento, além de preço incomparável [...]"
The Motor

"Ele desperta o mais puro desejo automobilístico, e isso não é ruim"
Car and Driver

"Extremo entre ferocidade ou docilidade, reagindo conforme o estado de humor. Ágil, sua carroceria esplêndida desperta emoções [...]"
Sports Car Driver

1966 Um novo modelo e uma nova companhia

O ano de 1966 seria difícil para a indústria automobilística em geral. Essas dificuldades compreendiam um aperto de crédito, inquietação no setor industrial, um acréscimo do imposto sobre consumo no Reino Unido, restrições ao leasing e um aumento no preço da gasolina. Nada disso favorecia as vendas de carros novos.

Para a Jaguar, especificamente, houve dois marcos. Primeiro, a companhia lançou a versão 2+2 do E-type, que deveria ter ocorrido em 1965. Segundo, a Jaguar perdeu sua independência.

Graça... passo... e ainda mais espaço

A ideia de um E-type de quatro lugares remonta a 1961, quando o precioso mercado americano queria uma versão mais espaçosa. O antigo XK150 tinha bancos de uso ocasional na traseira, então por que o E-type não poderia tê-los também?

Sir William Lyons disse a um importante jornal da época: "Nós havíamos recebido milhares de pedidos de um modelo adicional com espaço para duas crianças ou um adulto na parte de trás. O novo E-type 2+2 foi projetado para atender a essas solicitações e nós pretendemos exportar, pelo menos, 80% da nossa produção".

Sir Williams estava animado com o conceito, que também lhe parecia estilisticamente atraente. Ele achava que aumentar o comprimento do E-type reforçaria sua paixão pelo trabalho constante e paciente, parte importante de sua marca registrada durante muitos anos.

Em ocasiões anteriores, Sir Williams mostrara seu tino comercial ampliando a série de modelos derivados de um projeto básico e compartilhando componentes mecânicos, aumentando assim seu mercado e reduzindo os custos gerais de produção. O lançamento de um modelo adicional do E-type tinha a vantagem de atingir uma fatia maior do mercado automobilístico, atraindo o chefe de família com crianças pequenas – mais uma vantagem do carro. De repente, o

Problemas com o desenvolvimento

O desenvolvimento do E-type 2+2 apresentava inúmeros problemas porque o estilo curvilíneo do E-type original era quase perfeito. Assim, esticar o carro era considerada uma tarefa impraticável.

Apesar disso, protótipos foram aprontados em 1961. O conceito foi então descartado, retomado, descartado de novo e revitalizado várias vezes até 1964, quando o primeiro de vários protótipos importantes e viáveis surgiu.

O custo era de importância vital. Embora Sir William Lyons estivesse entusiasmado com o projeto, a ideia de realizar gastos extras significava uma preocupação constante para ele. Muitos acreditam que os conceitos iniciais de desenho do E-type para um carro de quatro lugares levaram, em parte, ao desenvolvimento final do sedã XJ6, que surgiu em 1968. Somente após alguns anos, a Jaguar retomou a ideia de manter a maior parte do modelo original do E-type para uma versão 2+2.

A foto abaixo, feita no Departamento Experimental em Browns Lane, mostra um protótipo de pré-produção equipado com rodas de aço cromadas. Estas se tornariam opcionais para os modelos da Série 2, lançados em outubro de 1968.

Impacto!

Todos os carros novos à venda nos EUA tinham de passar por um teste de impacto para atender à iminente legislação de segurança do país. Aqui, o novo 2+2 é submetido ao teste no MIRA, com o circuito de curvas superelevadas de alta velocidade da unidade visível ao fundo. Devido à resistência inerente ao E-type, o carro passou no teste sem ter de sofrer modificações – algo que não poderia ser dito sobre a maioria dos carros esporte britânicos da época.

carro não era mais apenas destinado ao homem jovem solteiro ou para o casal; uma fatia maior do público comprador podia, agora, optar por adquirir um E-type, reforçando sua posição sobre parte dos concorrentes que já tinham bancos 2+2.

Naquela época, os carros esportivos de maior sucesso nos EUA eram o Ford Mustang e o Chevrolet Corvette Sting Ray, ambos com acomodações adequadas para quatro pessoas. Embora o E-type fosse considerado um carro esporte de verdade em relação a esses outros modelos americanos, não havia dúvida de que as vendas poderiam aumentar naquele mercado se a Jaguar tivesse um carro maior para atender a essa exigência.

Lançamento atrasado

O lançamento do E-type 2+2, planejado para o Salão de Earls Court, em outubro de 1965, em Londres, foi adiado por vários motivos, entre eles, o tempo de desenvolvimento do modelo, atrasos de fornecedores e interrupções por conta de inquietações no setor industrial.

Assim, o novo modelo foi lançado apenas em março de 1966, no Salão de Genebra, onde o E-type original foi visto pela primeira vez, em 1961.

NÚMEROS DA PRODUÇÃO DO E-TYPE EM 1966

Roadster	2.359
Cupê teto fixo	1.904
2+2	2.627
Total	**6.890**

Um aumento da produção em torno de 30% fez de 1966 um ano recorde para o E-type. As vendas de roadsters permaneceram estáveis, e o cupê perdeu para o 2+2, o que mostra quanto o modelo era necessário.

Diferenças externas no 2+2

De uma maneira inteligente, todas as modificações na carroceria para o 2+2 foram feitas na seção central do E-type. Isso manteve os custos baixos e permitiu o intercâmbio de peças entre outros carros. As dimensões finais foram calculadas para garantir conforto aos passageiros dos bancos traseiros, com um espaço adequado para as pernas e até o teto.

O assoalho sofreu um acréscimo de 229 mm na extensão. Mas esse não foi um mero trabalho de "cortar e fechar": além de encompridar o assoalho, a seção traseira e o túnel sobre a suspensão traseira foram movidos para trás a fim de criar o espaço necessário.

Para proporcionar mais espaço entre o assoalho e o teto, este foi elevado 51 mm. Isso levou a um discreto aumento na altura do para-brisa e a uma inclinação mais vertical, o que era quase imperceptível, a menos que um 2+2 e um cupê convencional de dois lugares fossem colocados lado a lado. Os projetistas tiveram de formar uma curva harmoniosa até o teto para que nada parecesse acrescido, tarefa que desempenharam muito bem – é uma característica que ninguém nota, a menos que seja apontada. Os tradicionais três limpadores de para-brisa foram mantidos, mas ficaram mais compridos, para limpar com folga o novo para-brisa.

As portas tiveram o comprimento aumentado em 216 mm, exigindo novos vidros e molduras de janela em bronze cromado. O vidro, maior em comprimento e profundidade, não abaixava para dentro das portas até desaparecer. Como toque de acabamento, e apenas para o 2+2, os estilistas da Jaguar incorporaram uma faixa cromada ao longo da extensão da porta, acima da maçaneta, que terminava numa ponta na parte anterior do para-lama traseiro. Isso tendia a disfarçar o comprimento da porta.

Nenhuma outra modificação foi feita ou se mostrou necessária no desenho externo do E-type – até o emblema permaneceu igual. Tão inteligente foi a transformação que, à primeira vista, é difícil distinguir o 2+2 do E-type de curta distância entre eixos nas ruas.

Os preços e a concorrência

Ford Mustang	2.277*	Aston Martin DB6	4.068*
E-type 2+2 Auto	2.386*	Chevrolet Corvette Sting Ray	4.162*
Jensen Interceptor	3.743*	AC 428	4.611*
Gordon Keeble	4.058*	Bristol 409	5.238*

Todos esses carros estavam disponíveis com câmbio automático. Na verdade, a maioria era vendida com esse tipo de caixa de câmbio, mostrando uma tendência ao grã-turismo em detrimento do dirigir carros esporte puros. Este novo modelo extra de E-type era oferecido ao preço bastante competitivo de apenas 212 libras a mais que o equivalente de dois lugares – muito mais barato do que qualquer concorrente, à exceção do Ford Mustang.

*Valores em libras.

Os comentários na imprensa

O lançamento do 2+2, no começo de 1966, deu à imprensa automobilística mundial ampla oportunidade de obter os carros para avaliação e testes. Um fato interessante foi que mais revistas avaliaram o 2+2 em 1966 do que o modelo de 3,8 litros em seus primórdios.

"O E-type é tão prático quanto emocionante, e muita gente irá considerá-lo o melhor Jaguar existente até hoje [...]." *Autosport*

"O aumento de comprimento e peso não prejudicou o conforto de rodagem ou a estabilidade; o motor parece ainda mais suave quando combinado ao conversor de torque de um câmbio automático." *Motor*

"[...] oferecendo ao chefe de família o pacote ideal para atender os seus desejos." *Car and Driver*

"Mostra o que é um verdadeiro grã-turismo àqueles com família, ou a solteiros com mais de um amigo. Desta forma, ele se tornou ligeiramente menos um E-type e bem mais um Jaguar." *Autocar*

A *Autocar*, em um de seus editoriais, cumprimentou a Jaguar pelo motor XK, após dezessete anos de produção. Um crédito especial foi dado ao fato de o motor ser mais forte que a maioria, quase nunca dando problema ou deixando um motorista em dificuldades. Nessa época, vários eram os exemplos de motores XK que rodaram entre 240.000 km e 320.000 km antes de necessitarem de retífica.

Comparações de desempenho

	2+2 auto	2+2 manual	Cupê normal
Velocidade máxima	218 km/h	223 km/h	240 km/h
0-96,6 km/h	8,9 s	7,6 s	7,0 s
0-402 metros	16,4 s	15,3 s	14,9 s
Consumo médio	6,4 km/l	6,7 km/l	6,5 km/l

Porta-malas

O espaço para bagagem aumentava ainda mais quando rebatido o banco traseiro, como numa perua, proporcionando até mais 1,30 m de espaço da frente até atrás para bagagem, tacos de golfe ou o que fosse. Mesmo com o banco traseiro na posição normal, o espaço traseiro era de razoável 1,04 m em profundidade.

A versatilidade extra tornou o modelo 2+2 um carro muito prático para um casal sair de férias.

Pela primeira vez em um E-type, o vidro traseiro era aquecido, uma característica que foi também padronizada no cupê de dois lugares.

Mudanças na frente

Algumas mudanças gerais no interior da parte da frente foram feitas para o 2+2. Mais espaço para objetos foi obtido com duas bandejas sob ambos os lados do painel de instrumentos. O porta-luvas ganhou uma tampa com chave e foram instaladas fechaduras antiarrombamento nas portas. O sistema de aquecimento, considerado inadequado nos Jaguares, passou a ter o requinte de saídas de ar com ajuste do fluxo de saída. Um melhor isolamento térmico da carroceria foi providenciado para manter o interior mais frio.

Conforto

O banco traseiro era bastante simples, mas bem acolchoado e muito confortável. O espaço para as pernas, no entanto, era muito limitado para adultos, mesmo com os bancos dianteiros puxados tudo à frente em seus trilhos.

O grupo de empresas Jaguar

Em 1966, a Jaguar era uma potência industrial. O impressionante grupo de empresas que controlava era formado por:

Jaguar Cars Ltd
SS Cars Ltd
Daimler Company Ltd
Lanchester Motor Company Ltd
Daimler Transport Vehicles Ltd
Guy Motors Ltd
Coventry-Climax Engines Ltd
Henry Meadows Ltd
Jaguar Export Sales Ltd
Jaguar-Cummins Ltd
Jaguar Cars Inc
Jaguar Cars of New York Inc
Jaguar-Daimler Distributors Inc
Jaguar Cars (Canadá) Ltd
Barker & Co Ltd (fabricante de carroceria)
Hooper & Co Ltd (fabricante de carroceria)
The Sunbeam Trolleybus Company
Coventry-Climax Electrics Ltd
Coventry Diesel Engines Ltd
Newtherm Oil Burners Ltd
Badalini Transmissions Ltd
Coventry-Climax Engines Ltd (Austrália)

O toque de leveza

Devido ao maior peso da carroceria do 2+2, a fábrica considerou o uso de capôs de compósito de fibra de vidro e liga leve, e equipou dois protótipos com essa configuração, para testes. Os 100 kg extras do 2+2 exigiram um reforço nas molas traseiras.

Câmbio automático

Com o lançamento do 2+2, o E-type passou a ter, pela primeira vez, a opção de câmbio automático.

Como a maioria dos 2+2 era destinada ao mercado dos EUA, a questão do câmbio automático surgiu logo nos primeiros estágios do desenvolvimento. Com isso, o primeiro protótipo de testes foi equipado com um câmbio automático Borg Warner Modelo 8, o mesmo usado nos sedãs Jaguar. Com a maior distância entre eixos do 2+2, a caixa de câmbio automática – componente maior que a caixa de câmbio manual comum – acomodou-se de forma mais fácil.

Muito utilizada, a Borg Warner Modelo 8 automática só tinha três marchas à frente, mas trazia a moderna característica de modos D1 ou D2, que permitiam ao carro arrancar em primeira ou segunda. Naquela época, era comum que a alavanca seletora de marchas fosse instalada na coluna de direção, mas no E-type ela ficava no console central. O acelerador também incorporava, de série, o interruptor de fim de curso para comandar reduções de marcha e facilitar retomadas de velocidade.

O motor de 4,2 litros foi considerado bem adequado à caixa de câmbio, a qual, por sua vez, não prejudicava muito o desempenho.

Especificações

MOTOR

Descrição
Bloco de ferro-cromo com camisas secas, cabeçote de alumínio com dutos diretos, dupla árvore de comando de válvulas no cabeçote operando grandes válvulas em ângulo incluso de 70°. Pistões de liga de alumínio, bielas de aço, mancais de cabeça de biela em chumbo-índio. Virabrequim de 7 mancais.

Cilindrada
4.235 cm³

Diâmetro e curso
92,07 mm x 106 mm

Taxa de compressão
9:1 (8:1 opcional)

Potência máxima
265 cv a 5.400 rpm

Torque máximo
39,1 kgfm a 4.000 rpm

Carburadores
3 SU HD8 os de 50, 8 mm

TRANSMISSÃO

Caixa de câmbio
Manual, de 4 marchas sincronizadas, ou automática Borg Warner Modelo 8

Relações

	Manual	Auto
1ª	2,68:1	2,40:1
2ª	1,74:1	1.45:1
3ª	1,27:	1,00:1
4ª	1,00:1	–

Eixo de transmissão
Hardy Spicer com rolamento de agulhas selado

Eixo traseiro
Salisbury hipoide com unidade de deslizamento limitado montado no subchassi da suspensão traseira

Relações de diferencial
3,07:1 (manual)
2,88:1 (automático)

SUSPENSÃO

Dianteira
Independente, braços triangulares transversais sobrepostos, barras de torção com amortecedores telescópicos, barra estabilizadora atrelada aos braços triangulares inferiores.

Traseira
Independente. Braços transversais inferiores articulados nas mangas de eixo e subchassi. Semiárvores de tração com juntas universais, duas molas helicoidais duplas em cada lado com amortecedores telescópicos concêntricos. Tudo montado num subchassi fixado à carroceria por buchas de borracha e tensores duplos

FREIOS

Dianteiros
Discos Dunlop tipo ponte de 279 mm de diâmetro montados nos cubos das rodas

Traseiros
Discos Dunlop tipo ponte de 254 mm de diâmetro, montagem interna entre as semiárvores de tração e o diferencial

Operação
Duplo circuito hidráulico Dunlop com servo a vácuo Lockheed

Freio de estacionamento
Alavanca central e soltura instantânea operando mediante pastilhas independentes nos discos traseiros

DIREÇÃO

Tipo de sistema
Pinhão e cremalheira

Número de voltas entre batentes
2,75 (2 lugares)
2,5 (2+2)

Diâmetro de giro
11,3 m (2 lugares)
12,5 m (2+2)

Volante
Aro de madeira, três raios de liga metálica, 406 mm de diâmetro

RODAS E PNEUS

Rodas
15 pol. com 72 raios e cubos estriados

Pneus
185 x 15 HR Dunlop SP41

DESEMPENHO

	Cupê 2-lugares	2+2 auto
Veloc. máxima	240 km/h	219,2 km/h
0-80 km/h	4,8 s	6,8 s
0-96,5 km/h	7,0 s	8,9 s
0-160 km/h	17,2 s	19,1 s
0-402 m	14,9 s	16,4 s
Consumo médio	6,5 km/l	6,4 km/l

DIMENSÕES

	Cupê 2-lugares	2+2 auto
Comprimento	4,45 m	4,68 m
Largura	1,68 m	1,68 m
Altura	1,22 m	1,28 m
Distância entre eixos	2,44 m	2,67 m
Bitola	1,27 m	1,27 m
Distância mínima do solo	140 mm	140 mm
Peso	1.252 kg	1.397 kg

Uma fusão automobilística

Sir Williams Lyons sabia bem os problemas da Jaguar, após um período de grande crescimento. A empresa tinha um corpo de executivos antigos, fabricava uma complexa gama de modelos e necessitava fazer maiores investimentos em novos modelos para o futuro. A necessidade de investimentos foi o motivo principal que levou, em 11 de julho de 1966, Lyons e Sir George Harriman (o presidente da British Motor Corporation, BMC) a comunicarem, juntos, a fusão das duas empresas na British Motor Holdings (BMH).

Lyons manteve o cargo de presidente da Jaguar Cars Ltd. A mudança inicial por racionalização e aglutinação não foi só um período movimentado para a Jaguar e Lyons, mas levaria a mudanças mais importantes, que afetariam boa parcela da indústria automobilística britânica e de seus produtos – inclusive o E-type.

Em 1966, a produção total da companhia chegou a 22.958 carros, ante aos 604.348 da BMC. A Jaguar, portanto, era peixe pequeno num lago bem grande.

BRITISH MOTOR
HOLDINGS LIMITED

BRITISH MOTOR CORPORATION LTD.
JAGUAR CARS LTD.
PRESSED STEEL FISHER LTD.

Arte impressa

O 2+2 era considerado um modelo tão importante que a Jaguar produziu um catálogo novo apenas para ele, em estilo suntuoso, com uma capa branca, acabamento acetinado e amplas informações. Uma pintura evocativa na primeira página mostrava um 2+2 amarelo Primrose levemente estilizado e alongado, em alta velocidade com quatro ocupantes – as duas mensagens, de velocidade e espaço, eram bem claras.

Acompanhados por uma imagem do Certificado Real ("Por designação de sua majestade Rainha Elizabeth, a rainha-mãe") ostentado com orgulho, os comentários de apresentação do catálogo trazem o seguinte texto:

Ao anunciar este novo acréscimo à bem-sucedida série E-type, a Jaguar agora estende seu veículo de classe grã-turismo ao homem que, por negócios ou prazer, necessita de um carro com capacidade para acomodar quatro pessoas, mantendo os padrões de desempenho, frenagem e estabilidade até aqui associados apenas aos modelos mais requintados de carros de dois lugares. O versátil e emocionante E-type de 4,2 litros não só atende a essas exigências como também traz um novo conceito de requinte e refinamento ao rodar com alto desempenho.

É interessante que a Jaguar considerasse o E-type mais recente um carro para empresários. O 2+2 havia expandido a gama de modelos e estava tendo o sucesso que a companhia desejava.

O Frua ao final

O fabricante italiano de carrocerias Frua construiu um exemplar único a partir do 2+2, com a grade de radiador do modelo mais tradicional combinada a para-choques convencionais e a uma traseira mais quadrada. O carro nunca chegou a ser produzido.

1967
O último ano da aparência original

Meio do caminho

Nessa época, a Jaguar estava trabalhando em um possível substituto do E-type, com várias ideias de desenhos de quatro lugares, 2+2 e dois lugares. Alguns eram desenvolvimentos baseados no E-type existente, mas outros levaram o fabricante a percorrer caminhos diferentes.

Os recursos de engenharia da empresa enfrentavam, no entanto, fortes pressões por causa de novas exigências nos EUA, o mercado de exportação mais importante para a companhia. O primeiro pacote de regulamentações federais sobre segurança e emissões de poluentes deveria entrar em vigor em 1º de janeiro de 1968, e a Jaguar, assim como os demais fabricantes, tinha de atendê-las se quisesse vender seus carros nos EUA. O resultado foi a evolução gradual – com a chamada fase Série "1½" – para a nova versão Série 2.

Os E-types fabricados entre o final de 1967 e o começo de 1968, antes do lançamento dos modelos da Série 2, ficaram conhecidos como modelos da Série "1½".

Essa identificação nunca foi usada pela própria Jaguar, já que os carros eram apenas modelos da Série 1 com algumas modificações durante o período de mudança. A adoção posterior do nome Série "1½" vem, portanto, de proprietários posteriores e entusiastas que consideram o carro um meio do caminho entre os dois modelos.

Modificações não anunciadas começaram a aparecer no E-type em julho de 1967. O carro já tinha sido criticado por sua falta de um sistema adequado de faróis, em especial às bolhas de vidro que causavam a difusão da luz – e agora as mudanças foram determinadas por regulamentações dos EUA, que disciplinavam a altura e a intensidade dos faróis. A partir do final de 1967, portanto, os faróis se tornaram expostos, com novos contornos. A estrutura do capô permaneceu a mesma, embora o acabamento do entorno dos faróis fosse diferente. Outras partes, como o para-choque e as luzes indicadoras de direção, não sofreram modificações.

Além de mostrar o arranjo dos faróis expostos, o Série "1½" com especificação para os EUA, mostrado na foto, também exibe lentes brancas nos indicadores de direção, instaladas em carros destinados aos Estados Unidos e outros mercados de exportação.

Muito viajado, mas pouco dirigido!

Um dos primeiros E-types Série "1½" produzido pela Jaguar foi, no início, utilizado como carro de imprensa, mas, após uns poucos milhares de quilômetros, seu destino foi servir de amostra estática. Depois se tornou conhecido como o "E-type mais viajado, que nunca rodou". Exibido no navio *Queen Elizabeth*, este XKE de especificação americana viajou ininterruptamente entre o Reino Unido e os EUA durante vários anos. Ele integrava a mostra da BMC, que também exibia o MG e o Austin-Healey. Ainda em seu estado original, o carro é agora parte do patrimônio da Fundação Jaguar Daimler, em Coventry, e aparece em fotografias nas próximas páginas.

CARRO POLICIAL

O E-type 2+2 pode não ter sido o carro mais adequado ao uso policial, mas um deles foi muito útil na rodovia M1, onde foi usado por um mês. Com esse carro, os patrulheiros multaram mais de cem motoristas por excesso de velocidade. Vários foram cronometrados a mais de 135 km/h, mas alguns foram flagrados a 200 km/h – tarefa fácil para um E-type!

O carro esportivo ideal

No Salão de Genebra de março de 1966, vários jornalistas discutiam o que achavam o carro esportivo ideal com lugar para quatro pessoas. Daí surgiu de John Anstey, editor da revista *The Daily Telegraph Magazine*, uma proposta de se construir de fato um carro assim, como um chamariz publicitário.

Após várias deliberações e com a inegável adequação do E-type em geral, e do 2+2 em especial, decidiu-se utilizar o Jaguar como base do novo carro. As negociações com Sir William Lyons resultaram na compra de um chassi rolante do 2+2 (foto), que foi despachado para o fabricante de carrocerias italiano Bertone, encarregado de desenhar e construir o carro. O próprio Nuccio Bertone e seu estilista-chefe, Marcello Gandini, apresentaram o projeto, que é tido como a inspiração para o Lamborghini Espada.

Concluído, o carro foi enviado para o Reino Unido, examinado pela Jaguar e, por fim, apresentado no Salão de Earls Court de

Medalhas de ouro

1967. Chamado Jaguar Pirana, com valor aproximado de 20.000 libras, era muito diferente de qualquer coisa que a Jaguar havia produzido ou pretendido para o E-type.

Embora o Pirana jamais viesse a ser produzido em série, foi feito um catálogo promocional de vendas para ele – além de um modelo em ferro fundido e em um de plástico para montar –, tamanho o entusiasmo que esse modelo gerou.

O carro era um verdadeiro quatro-lugares, como o Espada. Além da mecânica do E-type, também tinha muito dos interruptores elétricos do Jaguar, alguns itens de acabamento e rodas com pinos de tração como as usadas nos D-types.

Sob muitos aspectos, tratava-se de um modelo bem avançado, com características como cintos de segurança de cores combinadas, luzes de alerta, toca-fitas integrado para gravação de voz e reprodução e até um novo sistema de ar-condicionado.

Em 1967, a Jaguar anunciou com orgulho ter recebido duas medalhas de ouro do Instituto de Fabricantes de Carruagens e Automóveis Britânicos em uma competição realizada anualmente no Salão de Earls Court. Uma das medalhas foi pelo sedã 420G, e a outra, pelo roadster E-type. No total, dizia o anúncio, a Jaguar havia ganhado 22 dessas medalhas no período pós-guerra.

❝a saloon (420 model) that for a combination of speed, comfort and safety is as good as any in the world regardless of cost.❞
MOTOR road test

❝If you search through the price list of cars of the world you will find that this Jaguar 4·2-litre roadster is still unique. Its performance, ex-works price, steering, roadholding, tractability, economy, comfort and good looks may be matched by other sports or GT cars but not one of them has the lot.❞
AUTOCAR road test

Many impressive tributes have been paid by the world press to the Jaguar combination of advanced engineering, luxury, performance, power and price. Now here is yet further acknowledgement of leadership in comfort, luxury and styling by Jaguar.

JAGUAR
awarded 2 Gold Medals
by the Institute of British Carriage and Automobile Manufacturers

420G SALOON
awarded the Gold Medal for Standard Enclosed Coachwork with 4 doors. Section 13–Retail list price of complete car being over £1700 but not exceeding £6000 exclusive of Purchase Tax.

'E' TYPE OPEN SPORTS
awarded the Gold Medal for Open Sports Coachwork. Section 17–Retail list price of complete car being over £1500 but not exceeding £6000 exclusive of Purchase Tax.

In the post-war period Jaguar have now won
22 GOLD MEDALS
in the appropriate sections of the Competitions held annually at the London Motor Show.
JAGUAR CARS LTD · COVENTRY
London Showrooms, 88 Piccadilly, W.1

A rejeição da *Which?*

A revista especializada em consumo *Which?* uma vez citou o E-type como um dos carros mais difíceis de segurar por causa de sua velocidade e notoriedade. Se você fosse ator, músico de uma banda, editor ou estudante de medicina e quisesse dirigir um E-type, com certeza não conseguiria contratar um seguro por preço nenhum!

Para ter uma ideia, o preço médio anual de um seguro em 1967 é mostrado abaixo. O valor do E-type não parece tão excessivo.

30 libras para um Mini

80 libras para um Jaguar Mark II

105 libras para um Jaguar E-type

E-types nos selos

Em 10 de agosto de 1967, os correios lançaram uma série de selos em homenagem à tecnologia britânica. Um deles trazia um E-type junto a três Minis. Outros selos ilustravam o radiotelescópio de Jodrell Bank e o hovercraft SRN6.

A produção em 1967

No começo de 1967, Sir William Lyons previu com muita confiança um aumento de vendas de 20% ao ano para o Jaguar. Isso foi considerado razoável devido à melhor situação financeira da Grã-Bretanha e a uma encomenda de 3.000 carros dos Estados Unidos – a maior que a Jaguar já recebera daquele mercado. E o E-type, é claro, estava contribuindo muito para as vendas, ajudado pelo lançamento do 2+2 no ano anterior.

Como se viu, a companhia se saiu muito bem no todo, mas o E-type não teve o resultado imaginado, com vendas no ano abaixo de 5.000 unidades – 25% menos em comparação ao ano anterior e uma decepção para a Jaguar.

Roadster	2.500
Cupê	1.205
2+2	1.284
Total	4.989

1968
A provisória Série "1½"

Este se revelaria um ano muito importante para a Jaguar. No final de 1968, haveria um E-type bastante modificado, um novo Daimler e – ofuscando tudo o mais – um novo sedã de luxo fabuloso, o XJ6. Todos esses novos produtos eram necessários, pois o fabricante havia dependido durante muito tempo de modelos já existentes. Até o E-type experimentou um decréscimo de vendas no ano anterior e precisava de uma renovação que lhe desse um novo impulso.

Os carros britânicos estavam vendendo mais do que nunca em 1968, com quantidades recordes, apesar de vários aumentos de preços que poderiam enfraquecer o mercado. No Reino Unido, o preço da gasolina subiu de novo, mudanças no leasing obrigavam agora os compradores de carros novos a efetuar um depósito de 40% do valor do carro, e o imposto sobre o consumo passou de 27,5% para 33,3%. Para completar, a taxa rodoviária anual também sofreu um acréscimo de mais de 40%.

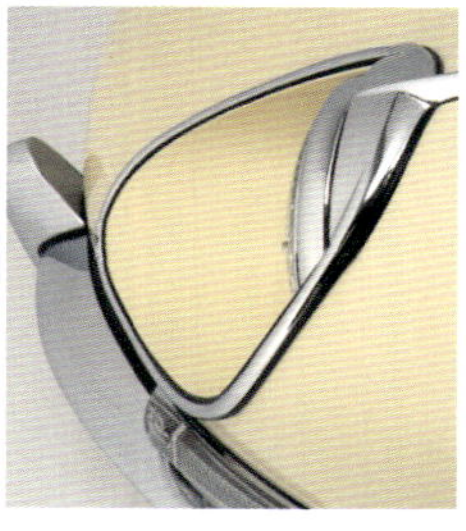

FARÓIS REDESENHADOS
Os contornos de formas muito bonitas dos faróis abertos mostravam a atenção aos detalhes que a Jaguar continuava a dispensar ao E-type.

NOVOS ESPELHOS NAS PORTAS
Fora a adoção de faróis abertos, a única outra mudança exterior perceptível da Série "1½" foi a instalação de espelhos retrovisores montados nas portas.

Renovado para os EUA

Algumas das modificações especificamente exigidas que surgiram nos E-types Série "1½" para o mercado do Reino Unido no final de 1967 foram, assim como outras, lançadas no começo de 1968, destinadas a um modelo renovado para atender às novas regulamentações sobre segurança e emissão de poluentes dos EUA. Todas essas renovações foram mostradas no Salão de Nova York, em março de 1968.

Na parte externa, poucas foram as novidades. Visto de trás, o E-type Série "1½" parecia o mesmo, inclusive o emblema.

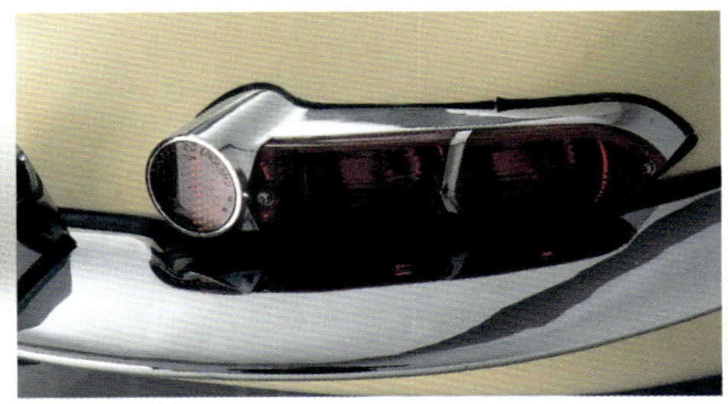

ADEUS ÀS "ORELHAS"
Outra mudança para atender às normas de segurança, mas um desapontamento para os tradicionalistas – as porcas-borboleta das rodas raiadas agora tinham as bordas sem "orelhas", para segurança dos pedestres. Este novo tipo de cubo exigia uma chave especial para retirá-lo.

VIDROS ESCUROS
Os E-types de especificação para os EUA tinham vidros escurecidos em todas as janelas. Os limpadores de para-brisa triplos permaneceram.

DETALHE AMERICANO
As lentes vermelhas dos conjuntos de luzes traseiras eram exclusivas do E-type de especificação para os EUA – ou XKE.

A CRIAÇÃO DA BRITISH LEYLAND

No âmbito dos negócios, a grande mudança que afetou a Jaguar em 1968 foi a fusão da British Motor Holdings (da qual a Jaguar fazia parte) com a organização Leyland. De um só golpe, toda a indústria automobilística britânica estava sob um só comando – o do gigante britânico chamado British Leyland. Os fabricantes de carros controlados pela British Leyland formavam uma lista enorme:

Jaguar
Daimler
Austin
Austin-Healey
MG
Morris
Riley
Rover
Triumph
Vanden Plas
Wolseley

O que se seguiria seria uma grande mudança na indústria, que resultaria em uma racionalização de companhias, modelos, fábricas e corpo funcional. A Jaguar e o E-type não escapariam a essas mudanças.

Modificações no interior

As alterações no acabamento do E-type resultaram de regulamentações de segurança dos EUA destinadas a eliminar riscos óbvios para os ocupantes do carro em caso de acidente. A maioria das modificações nos carros da Série "1½" acabou sendo adotada nos modelos para o mercado do Reino Unido.

A mudança mais perceptível foi a substituição dos protuberantes interruptores tipo lingueta por teclas na seção central do painel de instrumentos. Havia também novos controles do afogador e aquecedor montados rentes, um interruptor combinado de ignição/partida, travas contra arrombamento nas portas, o acréscimo de pisca-alerta e a haste de indicador de direção, que agora incorporava o acionamento da buzina.

O encosto dos bancos passou a ser ajustável, tinha fendas para apoios de cabeça opcionais e incorporava o dispositivo de travamento positivo que impedia sua projeção para a frente em caso de acidente. O novo acabamento das portas apresentava acionadores dos vidros reestilizados e, em benefício da segurança, maçanetas embutidas.

Mudanças no motor

Embora o motor de 4,2 litros tenha permanecido inalterado no mercado doméstico, as regulamentações sobre emissões de poluentes que entraram em vigor nos EUA a partir de 1968 fizeram com que a Jaguar designasse uma quantidade considerável de engenheiros para a tarefa de adaptar o motor XK – o trabalho custou à empresa 250.000 libras. Essas regulamentações estavam relacionadas às emissões de monóxido de carbono e hidrocarbonetos pelo escapamento.

Embora sistemas de injeção direta viessem a se revelar fundamentais para a eficiência da combustão anos mais tarde, eles ainda não haviam sido testados naquela época. Entretanto, a opção de melhor custo-benefício e mais econômica para o E-type foi trabalhar com a Zenith-Stromberg para desenvolver um novo carburador e coletor.

O princípio da adaptação foi depois adotado nos outros Jaguares da série porque funcionou bem, embora tivesse suas desvantagens. A potência desses carros sofreu uma redução em torno de 20%, segundo números da própria Jaguar, mas, na realidade, foi bem maior. Isso significou uma piora na aceleração e uma grande diminuição de velocidade máxima, que caiu para entre 193 km/h e 200 km/h. O lado bom foi a redução do consumo de combustível.

Nesse momento, pela primeira vez, o motor do E-type passou a ter tampas da árvores de comando de válvulas frisadas em vez das de acabamento de liga metálica altamente polida que havia em todos os motores XK anteriores.

Uma ponte longe demais!

Este E-type Série "1½" estava sendo testado pela imprensa quando uma capotagem, num escoadouro coberto causou danos sérios ao carro.

Carburadores e coletor

O antigo arranjo de três carburadores SU foi substituído nos E-types de especificação americana por dois Zenith-Stromberg 175CD2, alteração projetada para a redução de emissões. Acompanhando a mudança dos carburadores, uma configuração de admissão especial foi concebida, e por ela um tubo passava por cima do cabeçote e se conectava ao coletor de escapamento para captar o ar aquecido.

Os carburadores Zenith-Stromberg incorporavam uma passagem de ar de pequeno diâmetro, eficiente em baixas rotações, além de outra normal que só entrava em operação em regimes de rotação mais altos. Em baixa rotação, isso tinha o efeito de fazer a mistura ser conduzida pelo novo coletor, aquecida pelo escapamento, em seguida retornar ao coletor de admissão propriamente dito. O motor também recebeu um distribuidor mais eficiente.

Comparações de desempenho para o 2+2

	Reino Unido	**EUA**
0-80 km/h	5,7 s	6,3 s
0-160 km/h	19,4 s	22,6 s
0-402 m	15,4 s	16,3 s
Velocidade máxima	223 km/h	198 km/l
Consumo médio	6,6 km/l	6,6 km/l

Números da produção de 1968 (Série "1½")

Roadster	1.994
Cupê	1.031
2+2	1.674
Total	4.699

Um catálogo modificado

A Jaguar nunca produziu um catálogo especial para o carro da Série "1½" porque ele não era considerado um modelo específico na época. Mas a companhia adaptou o suntuoso material para o 2+2 (ver página 85) trocando duas imagens, de forma que o carro com os faróis abertos pudesse ser mostrado.

Essas duas fotos são reproduzidas aqui e, como se pode ver, mostram uma família perfeita com o seu 2+2 vermelho Carmen, embora em um local um tanto inadequado. Eles estão recolhendo lenha em uma floresta distante para depois saírem em disparada por uma estrada de cascalho, patinando as rodas. Muito curioso!

A chamada da capa interna dizia "Jaguar... sempre um salto à frente", mas isso foi o mais longe a que a atualização chegou. Todas as demais fotografias do catálogo eram de um modelo da Série 1 sem as mudanças interiores.

Uma atualização de baixo custo semelhante ocorreu também com a brochura de papel cartonado e com os itens especiais produzidos para o mercado dos EUA.

Produção total do E-type Série 1 1961-1968

Modelo	VD	VE	Total
Roadster 3,8 litros	942	6.885	7827
Cupê 3,8	1.798	5.871	7.669
Roadster 4,2 litros	1.182	8.366	9.548
Cupê 4,2 litros	1.957	5.813	7.770
2+2 4,2-litros	1.378	4.220	5.598
Total	**7.257**	**31.155**	**38.412**

Fama contínua

O E-type ainda era o carro no qual as pessoas queriam ser vistas e, com as modificações feitas para o mercado dos EUA, não havia dúvida de que a sua imagem havia sido mais uma vez melhorada.

Você consegue reconhecer as estrelas americanas mostradas aqui, com seus novos E-types "1½" na fábrica de Browns Lane? São o músico pop Roy Orbison (no alto) e o ator Tony Curtis (embaixo). Curtis morava no Reino Unido naquela época, como se vê pela placa do seu carro, colocada da maneira convencional para evitar chamar a atenção de policiais, como as placas adesivas coladas sobre o capô. O carro de Orbison também tinha placa vertical, atendendo às exigências da lei americana.

E-TYPE

SÉRIE 2 4,2-LITROS

1968–1971

1969
Nova série, nova era

O E-type Série 2 foi o resultado de várias mudanças adotadas no final da existência do modelo Série 1, mas, desta vez, com outras alterações maiores no conceito geral.

Embora lançado no Salão Britânico de 1968, o Série 2 era um carro ano-modelo 1969, e apenas poucas centenas haviam sido fabricadas antes do final de 1968. Faltava ver se o E-type aprimorado conseguiria manter sua posição dominante no mercado. Sua sorte seria decidida no decorrer dos dois anos seguintes, talvez determinada pela legislação.

Propaganda americana contemporânea do novo Série 2, ainda chamado XKE, explorando os valores tradicionais do carro.

Orgulho

Uma impressionante foto de estúdio mostra um cupê Série 2 com especificações para o mercado dos EUA, com luzes indicadoras de direção laterais e acabamento na popular cor de exportação Pale Primrose. A outra imagem, uma sobra das fotografias para o catálogo da Série 2, mostra um roadster azul--claro, também com especificações para os EUA. Nestes ângulos de visão laterais, a pureza das formas do E-type foi preservada, exceto pelos faróis abertos e as luzes auxiliares modificadas.

A Jaguar se gabava do fato de ser um dos primeiros fabricantes britânicos a atender às novas exigências da legislação americana, enquanto outras companhias simplesmente deixavam de exportar certos modelos para aquele mercado.

Em sua propaganda de comercialização, a Jaguar comentava: “Os E-types estão entre os primeiríssimos carros a atender, em todos os detalhes, aos requisitos de segurança federais americanos, e os modelos da Série 2 incorporam alguns aspectos adicionais de segurança e estilo, que refletem a política há muito estabelecida de desenvolvimento e aprimoramento contínuos da Jaguar”.

A fábrica teve muito cuidado para preservar ao máximo o estilo original do E-type, ante a expectativa de novas mudanças na legislação dos EUA e uma necessidade geral de manter o carro atualizado. No entanto, é um fato bem conhecido que, durante o período de gestação das modificações da Série 2, foram testadas várias ideias, a mais radical das quais teria sido um redesenho completo. Entre as adaptações rejeitadas nesse período, estavam a instalação de quatro faróis e o conceito de um roadster esticado, baseado na maior distância entre eixos do 2+2.

Especificações

MOTOR

Descrição
Bloco de ferro-cromo com camisas secas, cabeçote de alumínio com dutos retos, dupla árvore de comando de válvulas no cabeçote operando grandes válvulas em ângulo incluso de 70°. Pistões de liga de alumínio, bielas de aço, mancais de cabeça de biela em chumbo-índio. Virabrequim de sete mancais.

Cilindrada
4.235 cm³

Diâmetro e curso
92,07 mm x 106 mm

Taxa de compressão
9:1 (8:1 opcional)

Potência máxima
265 cv a 5.400 rpm
ou
246 cv a 5.500 rpm (EUA)

Torque máximo
39,1 kgfm a 4.000 rpm
ou
36,3 kgfm a 3.000 rpm (EUA)

Carburadores
Três SU HD8 de 50,8 mm ou dois Zenith-Stromberg 175CD (EUA)

TRANSMISSÃO

Caixa de câmbio
Manual, de 4 marchas sincronizadas, ou automático Borg Warner Modelo 8, de 3 marchas, só nos 2+2

Relações

	Manual	Auto
1ª	2.93:1	2,40:1
2ª	1,90:1	1,45:1
3ª	1,39:1	1,00:1
4ª	1,00:1	-

Cardã
Hardy Spicer selado com rolamento de agulhas

Eixo traseiro
Salisbury hipoide de deslizamento limitado montado no subchassi da suspensão traseira

Relações de diferencial
3,07:1; 3,31:1; 3,54:1 (manual) e 2,88:1 (automático)

SUSPENSÃO

Dianteira
Independente, braços triangulares transversais superpostos, barras de torção com amortecedores telescópicos. Barra estabilizadora atrelada aos braços triangulares inferiores.

Traseira
Independente, braços transversais inferiores articulados nas mangas de eixo e subchassi. Semiárvores de tração com juntas universais, duas molas helicoidais com amortecedores concêntricos em cada lado, montadas num subchassi fixado por buchas de borracha e tensores duplos.

FREIOS

Dianteiros
Discos Girling de 279 mm de diâmetro montados nos cubos das rodas

Traseiros
Discos Girling de 254 mm de diâmetro, montagem interna entre semiárvores de tração e o diferencial

Operação
Duplo circuito hidráulico Dunlop; servo vácuo Lockheed

Freio de estacionamento
Alavanca central e soltura instantânea, pastilhas independentes nos discos traseiros, autoajustável

DIREÇÃO

Tipo de sistema
Pinhão e cremalheira

Número de voltas entre batentes
2,5 (dois lugares)
2,85 (2+2)

Diâmetro de giro
11,3 m (dois lugares)
12,5 m (2+2)

Volante
Aro de madeira, três raios de liga metálica, diâmetro de 406 mm

RODAS E PNEUS

Rodas
15 pol., com 72 raios e cubos raiados (opção de 15 pol., em aço, cromadas, com montagem por parafusos, com calotas cromadas)

Pneus
Dunlop SP 41 185HR15

DESEMPENHO

	Roadster R. Unido	Roadster EUA	2+2 Auto
Velocidade máxima	240 km/h	202 km/h	218 km/h
0-80 km/h	5,2 s	5,4 s	6,8 s
0-96,5 km/h	7,2 s	7,2 s	8,9 s
0-161 km/h	16,9 s	19,7 s	19,1 s
0-402 m	14,9 s	15,5 s	16,4 s
Consumo médio	6,5 km/l	6,1 km/l	6,4 km/l

DIMENSÕES

	Dois lugares	2+2
Comprimento	4,45 m	4,68 m
Largura	1,68 m	1,68 m
Altura	1,22 m	1,28 m
Distância entre eixos	2,44 m	2,67 m
Bitola	1,27 m	1,27 m
Distância mínima do solo	140 mm	140 mm
Peso	1.260 kg	1.422 kg

O lançamento americano

Esta vista do estande da Jaguar no Salão de Nova York mostra a ênfase quase excessiva do fabricante nos E-types renovados. Há nada menos que quatro E-types (dois roadsters, um cupê e um 2+2) misturados a dois exemplares do novo sedã XJ6, que iria vender em quantidades bem maiores. Observe a forte presença do logotipo British Leyland.

Rodas de aço

Pela primeira vez em um E-type, rodas com montagem por parafusos convencionais (na página ao lado) estavam disponíveis para a Série 2 como alternativa às tradicionais rodas raiadas. Essas rodas eram do mesmo estilo das que equipavam os sedãs contemporâneos XJ6, mas para o E-type elas eram cromadas. Tinham calotas cromadas semelhantes às dos XJ6.

Aos poucos

O termo “Série 2” para o E-type renovado foi uma designação atribuída somente na época do lançamento. Durante o desenvolvimento, o carro era conhecido na empresa como “Phase II”. Os modelos da Série 1 e “1½”, é claro, nunca foram descritos daquela forma na época – esses nomes foram dados depois por entusiastas.

Embora as mudanças da Série 1 para a 2 tenham sido determinadas pelas normas do valoroso mercado dos EUA, o pessoal de vendas da empresa e os concessionários tiveram alguma influência. Eles enxergaram a necessidade de atualizar o carro de forma que se diferenciasse do modelo antigo, a fim de dar um novo ânimo às vendas e gerar maior interesse.

Sem placas de licença, o cupê de cor Pale Primrose da foto é testado antes do lançamento da Série 2.

Para-choques altos, luzes diferentes

De acordo com as novas regulamentações dos EUA, os para-choques tinham de ser mais altos, o que significou a eliminação das antigas luzes laterais/indicadoras de direção acima deles.

A lei federal também obrigou a instalação de luzes laterais/indicadores de direção com lentes maiores, de forma que as novas unidades de uma só parte fossem colocadas abaixo do nível do para-choque, em um painel redesenhado, abaixo do capô.

A instalação de luzes extras de pisca na parte da frente dos para-lamas (para que a indicação de direção pudesse ser vista mais facilmente na lateral do carro) foi uma exigência posterior dos EUA, e foi adotada – para simplificar a fabricação – também nos exemplares dos carros no Reino Unido.

A visão lateral deste 2+2 também permite ver que o E-type era agora equipado com um novo tipo de roda raiada, com raios mais fortes. Os cubos eram do tipo plano para maior resistência e também mais fáceis de manter limpos. Um modelo do Reino Unido, como o mostrado aqui, ainda tinha as porcas-borboleta que agora estavam banidas dos EUA devido ao perigo potencial que representavam para os pedestres.

Abertura ampla

Embora o capô tivesse de ser modificado para receber as alterações nos faróis, uma mudança mais substancial foi uma boca maior e mais larga. A intenção era fazer circular mais ar no compartimento do motor para auxiliar a refrigeração, uma necessidade sempre presente no E-type, e que acabou ficando mais evidente com o ar-condicionado passando a equipar muitos carros destinados aos EUA.

A entrada de ar redesenhada era incríveis 68% maior que a do E-type da Série 1, mas ainda era feita com o mesmo ferramental. A barra ao longo da boca agora tinha um revisado emblema "arreganhado", de formato oval.

Um detalhe das modificações feitas na Série 2 foi a instalação de uma mola a gás para sustentação aberta do capô.

Faróis mais à frente

Foram necessárias novas modificações na disposição dos faróis da Série 2. Ainda abertos, como os da Série "1½", eles tiveram de ser levados cerca de 50 mm adiante para atender à regulamentação dos EUA. Isso, por sua vez, exigiu novos contornos e um acabamento cromado no alto.

Uma alteração 2+2

Uma mudança importante, mas que só afetava o 2+2, foi o redesenho da área do para--brisa, com seu ângulo de inclinação aumentado de 46,5° para 53,5°. Isso exigiu um novo vidro com uma curvatura mais acentuada, que se estendia mais para a frente do carro, eliminando grande parte do painel atrás do capô. As colunas dianteiras permaneceram intactas, com o mesmo ângulo.

Como efeito geral, a impressão visual do teto mais alto do 2+2 foi atenuada. Dali em diante, os modelos 2+2 também passaram a ter apenas dois limpadores de para-brisa, no lugar dos três tradicionais. Todos os modelos da Série 2 ganharam também motores de limpadores de para-brisa mais potentes.

Erguendo a traseira

Mudanças semelhantes foram feitas também na traseira da Série 2, para adequação aos padrões de segurança estabelecidos nos EUA. O para-choque traseiro foi elevado, e era agora uma peça única mais encorpada que se estendia de ponta a ponta ao longo do centro do carro, acima da placa de licença.

As luzes traseiras sofreram um aumento considerável e, como as dianteiras, ficavam agora sob o para-choque, cada uma em um encaixe de aço inoxidável. Havia ainda luzes de ré duplas de cada lado do encaixe da placa de licença e das garras. As luzes repetidoras dos indicadores de direção foram também instaladas nos para-lamas traseiros, abaixo do nível do para-choque.

Embora o novo modelo tenha sido identificado desde o lançamento como Série 2, não houve nenhuma mudança no emblema da traseira.

Ponteiras afastadas

O entorno da placa de licença traseira foi redesenhado de modo a ficar quadrado, também em adequação à regulamentação americana. Com isso, a disposição dos dois canos de escapamento teve de ser alterada, com as ponteiras afastadas para os lados.

O que é isto?

Este cupê E-type Série 2, com luz de alerta no teto, parece a qualquer pessoa um carro de polícia executando algum trabalho incomum. Na verdade, esta foto é dos arquivos da Dunlop e mostra uma cena de teste de pneu.

O escritório móvel

Um novo acessório disponível para os clientes da Jaguar era este sistema integrado de rádio/toca-fita/Dictaphone, que foi instalado no sedã XJ6, e também, a título de experiência, no E-type Série 3, como se vê aqui. Perfeito para o executivo apressado!

Mudanças interiores

Na parte interna, a Série 2 foi contemplada com as mudanças da Série 1 descritas antes, mas elas agora passaram a ser adotadas em todos os E-types, não importando o mercado de destino. Englobaram bancos renovados e encostos com trava, painel de instrumentos com novo desenho, interruptores de tecla na parte central e novos painéis das portas com maçanetas embutidas.

A coluna de direção passou a ser do tipo retrátil em obediência às normas de segurança, com resistência a impactos de até 48 km/h, o que não impediu que o E-type preservasse o volante de aro de madeira e três raios (sua marca registrada) com o botão de bandeira quadriculada. Uma característica que demonstrava a crescente comodidade nesse período era a direção servoassistida opcional a custo extra, opção disponível a todos os mercados.

Dois outros atributos de segurança foram a instalação de encaixes no alto do encosto dos bancos para a colocação de apoios de cabeça (opcionais) e o uso de um espelho retrovisor destacável.

A instalação de uma tampa no porta-luvas, que havia sido adotada no início apenas nos modelos 2+2, passou a ser feita em todos os carros da Série 2. Para os roadsters, o material do forro, que era de pelo de cabra angorá, foi substituído por plástico – uma triste medida de economia. O estofamento de couro foi perfurado, com o objetivo de fazer com que os ocupantes do carro sentissem menos calor em climas quentes.

Ar-condicionado

Aberturas na base do painel de instrumentos mostram que este E-type Série 2 para o mercado dos EUA, de volante à esquerda, é equipado com ar-condicionado, um opcional extra que vinha sendo encomendado por uma quantidade crescente de compradores. A instalação, bem mais ajeitada que nos E-types mais antigos, exigia a mudança de posição do acendedor de cigarros.

Melhor refrigeração

Uma mudança importante na Série 2 foi a melhora do sistema de refrigeração do E-type para os mercados de exportação de clima quente, o que já havia sido criticado nos EUA. Um novo radiador de fluxo cruzado passou a ser utilizado, com dois ventiladores elétricos de refrigeração. Ciente das reclamações, também de proprietários no Reino Unido que enfrentavam superaquecimento do motor em congestionamentos de trânsito, a Jaguar estendeu essa modificação a todos os modelos da Série 2 para todos os mercados.

O ar-condicionado estava se tornando uma opção comum nos E-types, mas apenas nos mercados cujos carros usavam o volante à esquerda. Quando ligado, o sistema renovado adotado na Série 2 funcionava com os dois ventiladores de refrigeração em operação contínua.

Questões mecânicas

Embora as exigências da regulamentação sobre emissões nos EUA tivessem sido atendidas por algum tempo com a instalação do tubo de captação de ar de admissão aquecido, passando por cima do cabeçote, e dois carburadores Zenith-Stromberg (veja página 95), para a maioria dos outros mercados permaneceu o arranjo dos bons e velhos carburadores triplos SU – no motor da Série 2.

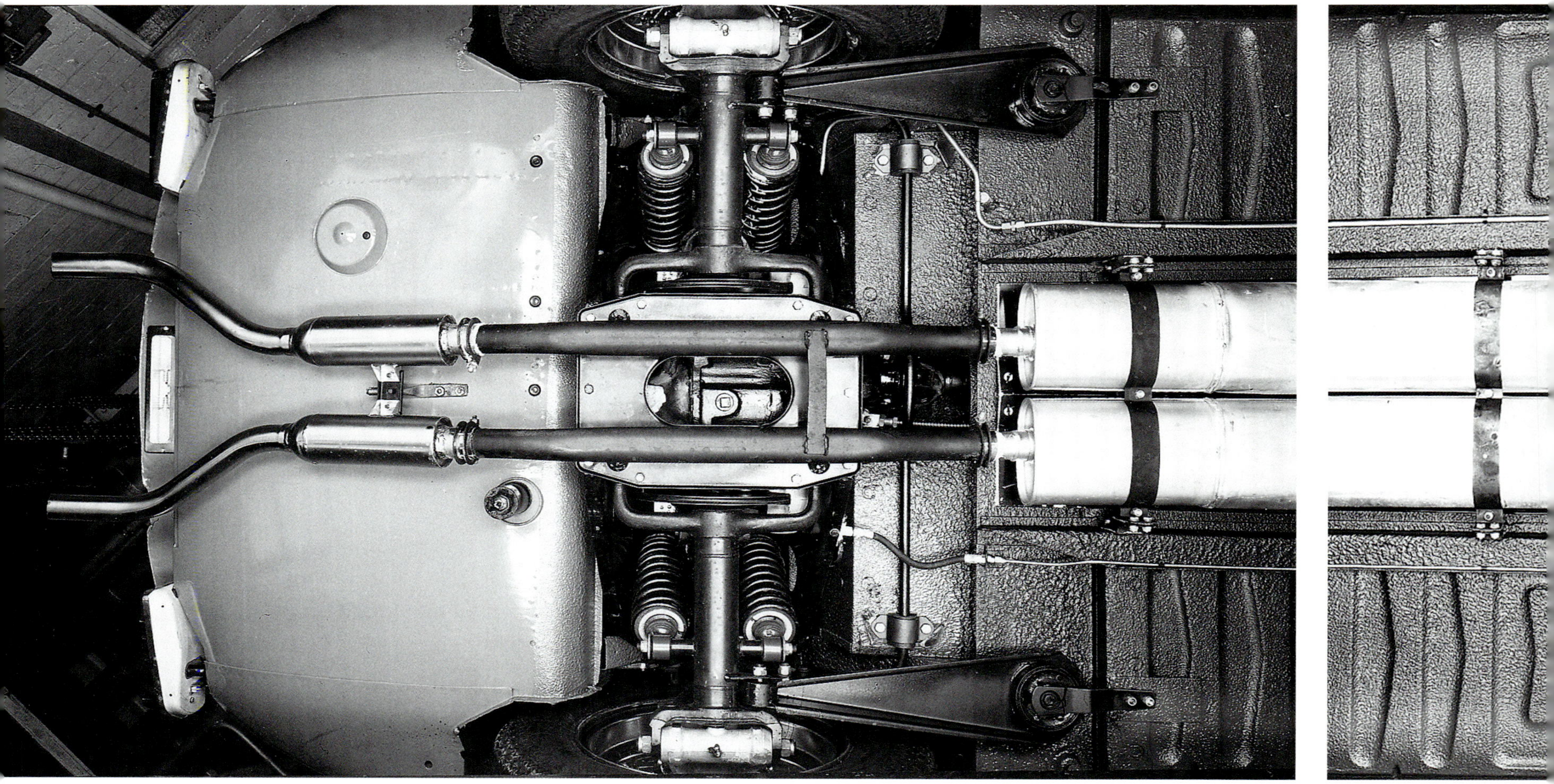

Olhando por baixo

Feita na fábrica de Browns Lane e mostrando um 2+2 de volante à esquerda, esta imagem revela detalhes muito interessantes. Nos modelos 2+2, o assoalho se estende até bem perto do eixo traseiro. Os freios foram bastante aprimorados na Série 2, com pinças dianteiras Girling do tipo de três pistões, que substituíram as Dunlop com cilindros aparafusados. As queixas a respeito de caixas de câmbio ruidosas resultaram no redesenho dos dentes de todos os modelos da Série 2. As diferenças do E-type Série 1 incluem o roteiro do sistema de escapamento, o arranjo das luzes dianteiras e traseiras e os dois ventiladores de arrefecimento do radiador.

Mas nem sempre o controle de qualidade da Jaguar era dos melhores. Observe as ondulações no assoalho do porta-malas e como o bujão de drenagem do tanque de combustível (visível logo abaixo do cano de escapamento) está desalinhado em relação ao furo do assoalho do porta-malas, em vez de ser centrado.

Reações da imprensa

Como o E-type Série 2 foi recebido pela imprensa mundial?

No fim de 1969, a *Car and Driver* fez uma crítica ao “novo” Jaguar, ainda chamado XK-E no mercado americano. Após discutir várias modificações, ela comentou: “Quando se cria algo assim ao longo de oito anos ou mais, é preciso apresentar um grande carro sofisticado e foi exatamente o que a Jaguar fez”.

Como de costume, ainda criticaram o interior apertado, a pouca ventilação e a falta de desempenho em máxima rotação (a especificação americana de 2,90:1 do diferencial não ajudava nesse aspecto), mas no geral eles adoraram o carro: “[...] dentro de um ou dois anos, ele chegará até a integrar a lista de homenagens de aniversário da rainha, junto com os Rolling Stones”.

A *Road & Track* entendia a necessidade de modificar o carro de acordo com as normas dos EUA, mas destacou o peso extra e a falta de desempenho geral ao compará-lo com modelos anteriores. Já se noticiava um novo motor para uma versão posterior do E-type, e os comentários finais davam várias impressões naquele momento: “Ele ainda é afetado por problemas de confiabilidade [...] em suma, não podemos realmente dizer que não gostamos dele, mas acreditamos que a Jaguar pode fazer melhor – e fará, em breve”. Concluindo, a Série 2 estava preenchendo uma lacuna para a Jaguar e teria de ser mantida por mais um ano pelo menos.

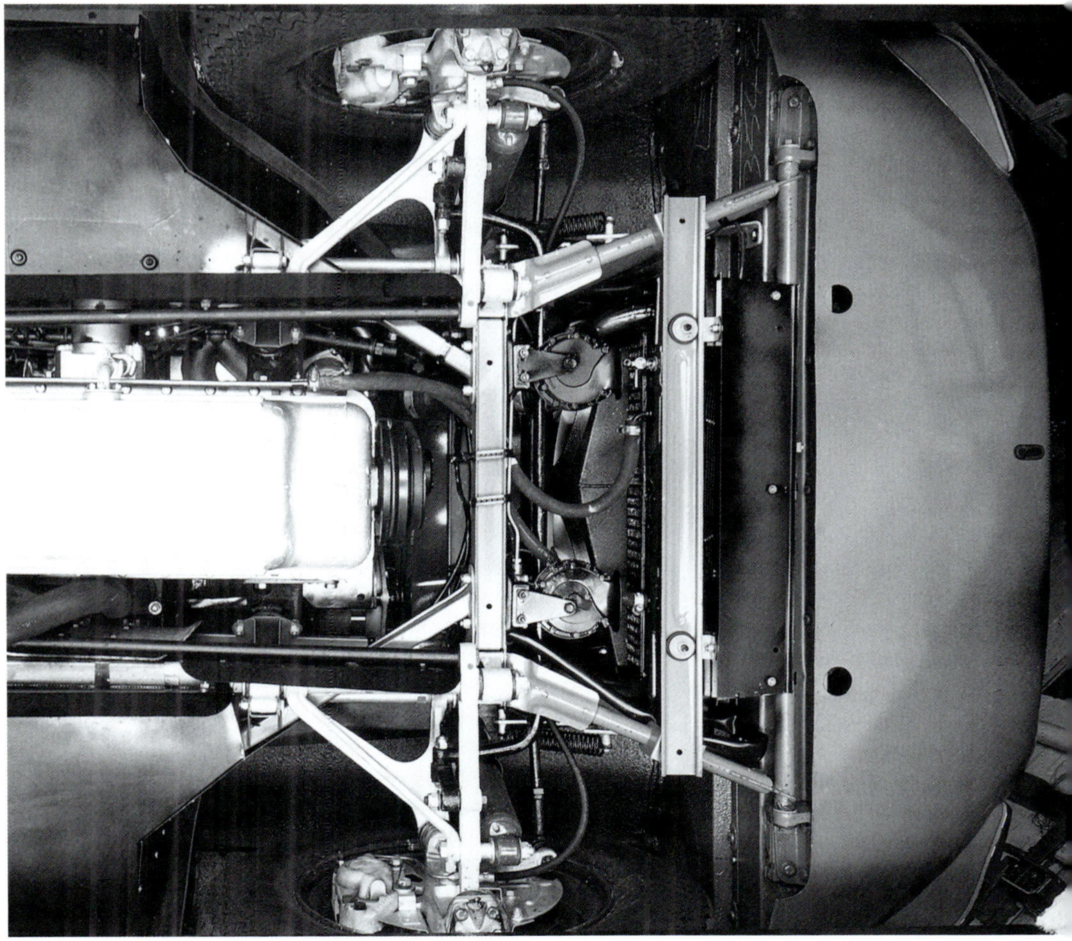

Pesquisa entre proprietários de E-types

Em 1969, a revista americana *Road & Track* realizou uma pesquisa entre proprietários de E-types – 70% deles haviam comprado carros novos e 30%, usados. Surgiram algumas estatísticas interessantes:

Você compraria outro E-type?
Uma esmagadora maioria de 83% respondeu "sim".

Motivos para a compra

Estilo	77%
Desempenho	46%
Estabilidade	20%

Uso habitual

Uso diário	85%
Uso em competições	31%

Quilometragem anual média
Menos de 16.000 quilômetros por ano

Manutenção
24% faziam a manutenção dos próprios carros

Melhores características
Estabilidade
Estilo
Desempenho
Conforto e requinte
Freios

Piores características
Manutenção e reparos
Ventilação e aquecimento
Superaquecimento
Falta de espaço

Perspectivas em 1969

Outro ano de preocupações para a indústria e os motoristas britânicos, com mais aumentos no preço dos combustíveis e a já conhecida inspeção veicular do Ministério dos Transportes, obrigatória para todos os carros com mais de três anos, em vez de dez.

Havia também alguns concorrentes do E-type aprimorados. O novo Aston Martin DBS era um forte rival, com um novíssimo motor V8 de 5,3 litros, injeção eletrônica e mais de 300 cv. A Bristol lançou um motor maior, V8 de 6,3 litros para seu 411, a Mercedes lançou um novo motor V8 e a Porsche anunciou motores maiores para o 911.

Que comédia!

O ator Brian Rix, famoso por perder as calças em programas de humor na TV britânica, foi um dos primeiros compradores do E-type Série 2, no caso, uma versão 2+2 com placa de licença personalizada.

Comparação de preços

É interessante que os preços do E-type, com impostos, não aumentaram muito durante os anos 1960 no Reino Unido, em consequência de uma inflação baixa e certa tendência a uma taxação menos rigorosa sobre carros novos.

	1962	1969
Roadster	2.036*	2.163*
Cupê	2.132*	2.274*
2+2	–	2.512*
2+2 Automatic	–	2.668*

*Valores em libras.

Um sucesso britânico ainda mais veloz

Esta foto promocional mostra um Série 2 de especificação americana com um caça Harrier de decolagem e pouso verticais.

Números da produção de 1969

Roadster	4.287
Cupê	2.392
2+2	3.264
Total	**9.943**

A Série 2 se revelou um tremendo sucesso para a Jaguar, dobrando a produção em relação ao ano anterior – e estabelecendo um novo recorde anual.

OPEN 2-SEATER (AND OPTIONAL HARD TOP)

PRINCIPAL DIMENSIONS: Wheelbase, 8 ft. 0 ins.; Track, front and rear, 4 ft. 2 ins.; Overall length, 14 ft. $7\frac{1}{16}$ ins.; Overall width, 5 ft. $5\frac{1}{4}$ ins.; Overall height, 4 ft. 0 ins.; Ground clearance (laden), $5\frac{1}{2}$ ins.; Turning circle 37 ft.; Fuel tank capacity 14 imp. gallons.

FIXED HEAD COUPÉ

PRINCIPAL DIMENSIONS: Wheelbase, 8 ft. 0 ins.; Track, front and rear, 4 ft. 2 ins.; Overall length, 14 ft. $7\frac{1}{16}$ ins.; Overall width, 5 ft. $5\frac{1}{4}$ ins.; Overall height, 4 ft. 0 ins.; Ground clearance (laden), $5\frac{1}{2}$ ins.; Turning circle 37 ft.; Fuel tank capacity 14 imp. gallons.

2 + 2 MODEL

PRINCIPAL DIMENSIONS: Wheelbase, 8 ft. 9 ins.; Track, front and rear, 4 ft. 2 ins.; Overall length, 15 ft. $4\frac{1}{2}$ ins.; Overall width, 5 ft. $5\frac{1}{4}$ ins.; Overall height, 4 ft. 2 ins.; Ground clearance (laden), $5\frac{1}{2}$ ins.; Turning circle, 41 ft.; Fuel tank capacity 14 imp. gallons.

Series 2 Features

ENGINEERING:

- 4.2 litre, 6 cylinder, twin overhead camshaft three carburetter 265 b.h.p. 'XK' engine giving high power and torque output for maximum acceleration and flexibility of top gear performance, and providing low fuel consumption.
- Four speed all synchromesh gearbox with improvements for smoother, quieter running.
- Diaphragm-spring clutch requiring only light pedal pressure.
- Optional automatic transmission (2 2 model only).
- Fully independent suspension of all four wheels.
- Servo-assisted disc brakes on all four wheels, with quick-change pads.
- Independent hydraulic circuits to front and rear brakes.
- Wide section tyres for maximum adhesion.
- Collapsible steering column, fitted with energy-absorbing sleeve.
- Rack and pinion, power assisted steering (optional extra).
- Cross flow radiator, "no loss" cooling system.
- Twin electric fans for even better cooling.
- More powerful windscreen wiper motor.

EXTERIOR DETAIL:

- Revised headlamp position for improved light pattern.
- Additional reflectors on side of car, front and rear.
- Large area direction indicators.
- Hazard warning system operated by switch on facia panel.
- Twin reversing lights, on either side of number plate.
- Full width wrap-round bumpers, front and rear.
- Revised styling for rear light clusters.
- Larger air intake aperture for improved cooling when air conditioning is fitted.
- Larger windscreen (2 2 model only) with increased rake for improved visibility and aerodynamics.

INTERIOR DETAIL:

- All switches on instrument panel are of the smooth contoured rocker type.
- Recessed choke and heater controls with "push-pull" action and low friction cables.
- Recessed, disc shape ventilation direction controls.
- Padded screen rail.
- Plastic rimmed rear view mirror with snap-away mounting.
- Recessed door handles.
- Slimline window winders with rubber recessed into handles.
- Lockable glove compartment.
- Horn button, headlamp flasher and direction indicator switch incorporated in one lever.

PLUS JAGUAR'S HIGH STANDARDS OF LUXURIOUS INTERIOR APPOINTMENTS.

JAGUAR CARS LTD · COVENTRY
ENGLAND

The issue of this catalogue does not constitute an offer. The specifications described in this publication vary for different countries, and Jaguar Cars Ltd. reserve the right to amend specifications without notice.

Printed in England by W. W. Curtis Ltd., Coventry 10 68

Jaguar 'E' Type range Series 2

From the moment of their introduction, the 'E' Type models have enjoyed a universal reputation as the most outstanding Grand Touring car available anywhere in the world.

The race-bred engine, suspension and brakes, together with a very advanced design of monocoque body construction, have endowed the 'E' Types with extremely high performance coupled to superb roadholding, braking and handling.

To these characteristics are added three more—safety, refinement, silence—and it is the combination of all these attributes which sets the 'E' Type apart from other high performance cars. The 'E' Types were amongst the very first cars to meet, in all details, the American Federal Safety requirements and the 'Series 2' models incorporate a number of additional safety and styling features which reflect Jaguar's long-established policy of continued development and refinement.

O catálogo da Série 2

Apesar de o E-type Série 2 continuar sendo um modelo de grande importância para a Jaguar, a intenção do departamento de marketing parecia ser de não despertar grande atenção. Não havia um novo catálogo para o modelo renovado, mas apenas um catálogo modesto, dobrável, impresso em papel-cartão.

A capa mostrava um roadster Série 2 vermelho saindo da página e cada modelo era mostrado no interior com descrição e especificações. Mas havia dois problemas. Primeiro, as fotos eram muito sem graça. Segundo, havia a enervante presença do logotipo "ralo" da British Leyland.

A única outra presença do E-type Série 2 no material publicitário da Jaguar foi em um catálogo mais aprimorado de linha produzido em 1969.

1970
Nova década, velha receita

Este foi um novo ano de consolidação para a Jaguar. O lançamento dos modelos E-type Série 2 foi bem-sucedido e a produção de todos os carros da Jaguar ainda não era suficiente para atender à demanda, em especial pelo recém-lançado XJ6, que, aos poucos, tomava o lugar dos sedãs mais antigos – principalmente os modelos 240 e 420G – que ainda restavam.
A British Leyland, como entidade, mostrava sua força e a racionalização afetava todas as companhias unidas e suas séries de modelos.

Desempenho em declínio

O desempenho do E-type de especificação americana (roadster com apoios de cabeça opcionais) se tornou ainda pior em 1970. A potência máxima foi reduzida a 171 cv.

No entanto, a Jaguar merece crédito pelo fato de o E-type ter cumprido as normas federais sobre emissões com folga. A taxa de emissão de hidrocarbonetos do motor XK modificado era de 135 ppm, bem abaixo do limite permitido de 220 ppm.

Mesmo com o arranjo de aspiração com carburadores Zenith-Stromberg para as especificações americanas, o de um tubo coletor passando por cima do cabeçote e reduzindo bem as emissões, o sistema foi aprimorado em 1970. Em vez do tubo de captação de ar aquecido pelo coletor de escapamento, passou-se a utilizar uma câmara de água aquecida. Em aceleração parcial, a mistura era aquecida na câmara e levada ao coletor de admissão. Como antes, em rotações mais altas, uma passagem em derivação permitia que o fluxo da mistura fosse levado diretamente para o coletor.

Outra modificação para os EUA foi o acréscimo, no compartimento do motor, de um filtro de carvão para absorver vapores de gasolina. Além disso, os carburadores eram selados e as cubas de nível constante tinham respiros ligados ao filtro de ar.

Para evitar complicações na linha de montagem, a Jaguar racionalizou alguns aspectos das especificações do motor. Todos os E-types Série 2 foram equipados com carburadores Zenith-Stromberg e um sistema de admissão modificado (de início, o arranjo do coletor cruzando o cabeçote, e depois, a câmara de água aquecida), embora a instalação de outros itens de redução de emissões ficasse restrita aos carros para o mercado americano.

Mais modificações no motor XK vieram: árvores de comando de válvulas para um motor mais silencioso e intervalos maiores de manutenção; e sistema de ignição para melhorar a partida a frio, com resistor de lastro no circuito secundário.

Orgulho de ser britânico

Este anúncio nos EUA (à esquerda) tira o máximo proveito da origem britânica do E-type – há até uma bandeira do Reino Unido na lateral do carro! O carro mostrado é um 2+2, e a ênfase está em sua adequação para "a família que quer um carro esporte". Observe, também, o logotipo da British Leyland.

Um catálogo pequeno demais

Em 1970, a linha de carros da Jaguar ainda era grande, com modelos antigos como o 240 e o 420G listados ao lado do mais ou menos novo XJ6 e do E-type Série 2. Mas eles não eram bem promovidos neste pequeno catálogo barato, impresso principalmente em preto-e-branco – e ostentando a marca da British Leyland.

A Jaguar era a joia da coroa da British Leyland e o sucesso do E-type e do XJ6 foram vitais para o plano global de negócios do que era agora a indústria automobilística britânica reunida sob um mesmo guarda-chuva. O sucesso das exportações contava bastante: cerca de 80% de todos os Série 2 eram vendidos no exterior.

Números da produção em 1970

Roadster	3.370
Cupê	1.866
2+2	1.363
Total	**6.599**

Este total representou uma queda de mais de 30% em comparação a 1969, mas era ainda muito superior aos números de 1968. Eles mostravam que o E-type estava perdendo a preferência ao ter seu desempenho reduzido, e ele passou a ser enfrentado por carros mais atualizados de outros fabricantes. A sorte do E-type teria mudado?

O que a imprensa disse da Série 2

A *Sports Car World* elogiou bastante a Série 2: "Não são muitos os carros que conseguem manter o mesmo apelo e atratividade por quase dez anos, e ainda impressionar entusiastas e a turma da minissaia. As pessoas ainda se viram para olhar, embevecidas, quando um E-type passa velozmente pela estrada [...]".

Na *Autosport* naquele ano, John Bolster redescobriu o cupê e o 2+2. Embora não tivesse se deixado convencer por algumas mudanças de estilo, os carros que ele testou ainda se saíram bem porque estavam equipados com a configuração de três carburadores. Bolster elogiou o desempenho puro e o preço modesto, uma combinação que, para ele, parecia além da imaginação. Sua conclusão: "Este espetacular carro esportivo é agora civilizado demais, porém ainda mais agradável de dirigir".

Um jornal dos EUA comentou: "[...] o aprimoramento contínuo do produto finalmente compensou e o XK-E é, com certeza, uma das melhores escolhas. Sua aceitação pelo público comprador ainda é grande [...]".

O E-type e seus concorrentes

Modelo	Preço*	0-96,5 km/h	0-402 m	Velocidade máxima
AC 428	4.250	5,9 s	14,4 s	223 km/h
Alfa Romeo Montreal	5.077	7,6 s	15,4 s	220 km/h
Aston Martin DBS-V8	6.897	6,0 s	14,1 s	260 km/h
BMW 3.0 CSi	6.199	7,5 s	15,4 s	223 km/h
Bristol 411	8.973	7,0 s	15,0 s	225 km/h
Chevrolet Corvette	3.432	6,5 s	14,6 s	236 km/h
Datsun 260Z 2+2	3.499	9,9 s	17,3 s	193 km/h
Ferrari Dino 246	5.486	7,1 s	15,4 s	238 km/h
Ford Mustang	1.922	7,6 s	15,2 s	205 km/h
Jaguar E-type 2+2	**2.642**	**7,6 s**	**15,5 s**	**220 km/h**
Jensen Interceptor	6.744	7,6 s	15,8 s	202 km/h
Lotus Elan +2	1.923	8,2 s	16,6 s	197 km/h
Mercedes 280SL	3.850	9,3 s	17,0 s	194 km/h
Porsche 911	5.825	5,5 s	14,1 s	239 km/h

*Valores em libras.

Como os números revelam, o E-type ainda tinha um preço muito competitivo, tanto por si próprio como também em termos de "desempenho por libra", mas o carro já não mantinha sua confortável posição de um dos carros de melhor desempenho do mundo. Todos os carros que o superaram em desempenho haviam sido equipados com motores melhorados durante seu tempo de produção – e era isso que a Jaguar pretendia para o E-type.

Reduzindo os custos de fabricação

Estas duas fotos mostram a complexidade da fabricação do capô do E-type. Painéis unidos por parafusos constituíam essa grande montagem que, por sua vez, exigia molas e articulação extremamente fortes.

Embora a estrutura do capô viesse a permanecer inalterada por toda a existência do E-type, outras partes do carro passaram pelo escrutínio dos engenheiros da Jaguar, encarregados de reduzir custos e simplificar a produção.

Produção total da Série 2 (1968-1971)

Roadster	8.627
Cupê	4.855
2+2	5.326
Total	**18.808**

A produção total da série 1 chegou a 38.412 unidades, mas isso ao longo de um período de quase seis anos. A Série 2 foi fabricada durante pouco mais de dois anos, apresentando, portanto, uma média de produção anual mais alta. Por esse parâmetro, o E-type ainda foi mais bem-sucedido, apesar de perder o desempenho e a pureza das linhas – e apesar de a Jaguar fazer parte da British Leyland.

Adeus, Série 2

Esta visão traseira, uma foto publicitária contemporânea, compõe um final apropriado para a seção sobre a Série 2 da história do E-type. Mas o pessoal de comercialização da Jaguar ainda parecia ter ideias engraçadas: seria mesmo prático um cachorro, ainda mais deste tamanho, andar em um 2+2?

E-TYPE

SÉRIE 3 5,3-LITROS

1971–1974

1971
Um motor novo e brilhante

É surpreendente que, até 1971, a Jaguar não houvesse desenhado e construído um novo motor desde 1948. Todo modelo novo, nos 21 anos anteriores, havia sido equipado com o superlativo motor XK. Esse motor de vida longa havia servido muito bem à companhia, mas já estava algo ultrapassado nos anos 1970. A tecnologia havia progredido e havia uma tendência de carros esporte com motores maiores, multicilíndricos e, em muitos casos, usando configuração em V.

Embora a Ferrari, em geral, estivesse à frente no pós-guerra com seus motores V12, o auge do motor de doze cilindros foi nos anos 1930, com marcas americanas como Cadillac, Lincoln e Packard, e britânicas, a exemplo da Daimler e Lagonda. Potência, refinamento e prestígio eram qualidades da configuração de doze cilindros – e esses fatores eram exatamente o que a Jaguar havia passado a simbolizar.

Uma nova cara para o E-type

Esta melancólica foto publicitária mostra a característica visual mais notável do E-type Série 3 – sua grade dianteira "cesta de ovos".

O Jaguar XJ13

O primeiro motor V12 de automóvel da Jaguar ficou pronto em 1964. Era uma complexa e sofisticada peça com quatro árvores de comando de válvulas nos cabeçotes, desenhada com foco nas corridas, talvez com a intenção de a Jaguar repetir seus sucessos de Le Mans nos anos 1950. Com uma cilindrada de 4.994 cm³, a potência máxima anunciada era de 502 cv a 7.600 rpm.

Um protótipo de corrida único, chamado XJ13, foi construído em 1966 para utilizar o motor V12, montado no centro, completo com seu transeixo e suspensão traseira. O XJ13 nunca participou de uma corrida, mas foi submetido a testes secretos em 1967, após os quais foi aposentado, porque no princípio da era BMH/BL, foi eliminada qualquer possibilidade de um programa de competições para a Jaguar.

Somente em janeiro de 1971, o XJ13 e seu motor com comando de válvulas quádruplo voltariam a ser vistos, em um filme promocional de comemoração do lançamento do motor V12, de série para o novo E-type. Foi durante uma fatídica sessão de filmagem na pista de testes MIRA, no Reino Unido, que o XJ13 se acidentou, felizmente depois de o filme ter sido concluído! O carro foi reconstruído depois.

O motor V12 do XJ13 era muito complexo para ser fabricado em larga escala e grande demais para ser acomodado em um carro de rua, mas ele preparou o caminho para um novo projeto. Vários testes de protótipos de motores em diversas formas foram realizados com o carro-chefe do fabricante, o enorme sedã Mark X. Exemplares desse sedã foram utilizados para o V12 com quatro comandos de válvulas, versões iniciais do V12 de produção de duplo comando e até para melhor avaliação do motor Daimler V8 do sedã Majestic Major.

Quatro em dois

O E-type precisava melhorar seu desempenho após a queda causada pelas adaptações às regulamentações federais dos EUA. Isso seria importante também para impressionar com qualquer modelo substituto – e criar o mesmo impacto da Série 1, em 1961. Isso era um imperativo, e não poderia ser realizado através de mais modificações no velho motor XK. A Jaguar precisava apresentar algo novo.

Sir William Lyons decidiu que a resposta teria de ser um V12, com notável potência e refinamento inigualável. Na época, as únicas outras fabricantes que tinham motor V12, ambas em quantidades pequenas, eram a Ferrari e a Lamborghini. Os benefícios em matéria de prestígio por si só tornavam o projeto compensador para a Jaguar.

A equipe encarregada de enfrentar os desafios – o engenheiro-chefe William Heynes, Claude Baily, Harry Mundy e Walter Hassan – deveria apresentar um motor V12 sofisticado e barato para produção em massa, que servisse tanto os carros esporte quanto os sedãs e apresentasse bom desempenho, flexibilidade e suavidade. O arranjo altamente complexo de quatro comandos de válvula do motor de corrida do XJ13 não era a resposta, então, começaram a redefinir suas necessidades, mas sem grandes compromissos. Uma só árvore de comando de válvulas por bancada fazia sentido e economizava espaço e custos.

Um V12 sendo fabricado para o E-type Série 3 na unidade de engenharia de Radford. Pela própria natureza do motor, ele ainda era montado à mão, apesar de já existirem algumas pequenas iniciativas para a automação.

Durante os anos que levaram para o lançamento do motor, parecia que a indústria automobilística sabia que a Jaguar estava trabalhando em um V12, e de fato o fabricante temia que as vendas dos modelos existentes pudessem ser prejudicadas. Uma prova disso surgiu em 1968, com o lançamento do XJ6, cuja carroceria foi projetada desde o início para receber o motor V12, embora isso não fosse dito publicamente na época.

A versão final do motor V12 ficou pronta em janeiro de 1971. O desenvolvimento havia levado vários anos, e o projeto custou à Jaguar 3 milhões de libras. O investimento incluiu o estabelecimento de uma nova linha de montagem na antiga fábrica da Daimler, em Radford, para onde a Jaguar havia transferido toda a produção de motores alguns anos antes.

Por falar na Daimler, talvez seja uma ironia a Jaguar emular a herança da marca, adquirida em 1960, na produção de um motor V12 muito prestigiado e sofisticado. Ainda mais interessante foi o fato de que este motor novo em folha deveria ser visto, pela primeira vez, em um carro esporte Jaguar – a estratégia adotada em 1948, quando o motor XK foi anunciado no XK120.

Aspectos do desenho do V12

Todo construído em alumínio, esse novo motor utilizava uma só árvore de comando de válvulas por bancada de seis cilindros, operando válvulas em linha nos cabeçotes planos. As bancadas de cilindros eram dispostas em um ângulo de 60° e cada árvore de comando de válvulas era acionada por corrente, da maneira habitual da Jaguar, a corrente única sendo a mais longa já fornecida para um motor de série, com incríveis 1,68 m.

Os cabeçotes, fundidos em areia, eram de liga LM25, com os blocos de tuchos de liga C125 separados – nos quais giravam as árvores de comando de válvulas. Deste modo, cada cabeçote e bloco de tucho formavam uma unidade que podia ser substituída completa, com válvulas e árvore de comando de válvulas, sem perder o diagrama. A face do cabeçote era plana, e uma cavidade rasa na cabeça do pistão, junto com a folga entre a face do cabeçote e os pistões no ponto-morto superior, formavam uma câmara de combustão livre de área de esmagamento.

O bloco era do tipo de face superior aberta, também feito de liga LM25 e fundido em areia. O cárter ficava bem abaixo do nível do virabrequim de sete mancais. Camisas de cilindro úmidas se acomodavam sem interferência no bloco, com flanges superiores usinadas de forma a se encostarem, mas deixando uma estreita passagem de água entre camisas adjacentes, na parte mais quente dos cilindros.

De aço forjado, o virabrequim de três planos foi endurecido com revestimento Tufftride para máxima resistência, apoiado em sete mancais em chumbo-índio, com alma de aço e capas dos mancais principais em ferro fundido. Até o desenho das bielas era único, sem arestas vivas. Os pistões de alumínio tinham dois anéis de compressão e um de controle de óleo.

Para o sistema de lubrificação, uma bomba de óleo do tipo crescente era acionada pelo virabrequim, o óleo passando através de um filtro de capacidade extragrande, localizado na horizontal em frente ao cárter. Em seguida, o óleo recirculava pelo motor, uma válvula de derivação dirigindo o excedente através de um trocador de calor óleo-água localizado logo atrás do filtro.

As dimensões superquadradas, 90 mm x 70 mm, o diâmetro dos cilindros e o curso dos pistões resultaram em 5.343 cm³ de cilindrada. Isso era mais de um litro acima do XK de seis cilindros que estava sendo substituído e, apesar do inevitável aumento do tamanho, o V12 pesava apenas 36 kg a mais que o motor antigo, graças à sua construção com materiais leves.

Todo esse trabalho e esforço resultaram em um grande avanço em termos de potência. Os 272 cv a 5.850 rpm declarados não representavam muito mais do que os anunciados pela Jaguar para o motor XK de 3,8 litros, mas a realidade era muito diferente porque o número do V12 era honesto! O torque máximo também era bem maior, 48,2 kgfm a 3.600 rpm.

As maiores qualidades projetadas para o novo V12 eram um funcionamento refinado excepcional, excelente torque e a possibilidade de aprimoramento do motor no futuro, tanto para uma cilindrada maior quanto em relação à possibilidade de ser equipado com injeção eletrônica. Ele seria também um dos maiores instrumentos de propaganda da Jaguar por vários anos.

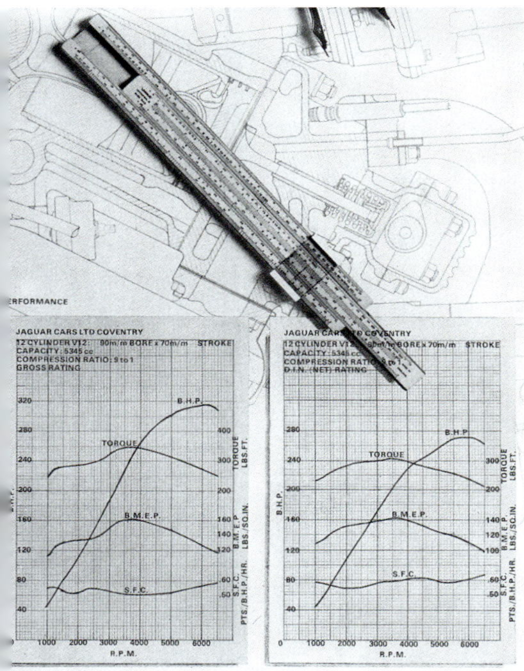

Gráficos de desempenho de fábrica do motor V12 para uso no E-type Série 3. Esta ilustração fazia parte de um catálogo.

4 carburadores

Os carburadores trazidos dos motores de seis cilindros da Série 2, Zenith-Stromberg 175CD de baixa emissão, foram utilizados, mas, neste caso, havia quatro deles (dois de cada lado) na parte externa aos cabeçotes. O motor foi utilizado em todos os mercados com algumas exigências de controles de emissões, como sensor de temperatura do ar de admissão. No entanto, para outros mercados – os EUA, principalmente –, foram feitas algumas inclusões, como um sistema que injetava ar nos dutos de escapamento para assegurar a combustão completa dos gases queimados. A padronização de boa parte do motor e a sua instalação em todos os carros fabricados permitiram uma considerável redução de custos para a companhia.

Para o sistema de ignição, a Jaguar foi a primeira fabricante a utilizar o sistema eletrônico Lucas OPUS derivado do usado nos carros de Fórmula 1. Consistindo em um distribuidor, uma unidade amplificadora, um resistor de lastro e uma bobina de ignição convencional de alto desempenho, esse sistema não usava platinados e nem peças desgastáveis que afetassem o ritmo. Tinha funcionamento confiável e dispensava manutenção – embora se tornasse claro que a posição do amplificador no interior do "V" do motor poderia levar a um defeito prematuro em razão do calor excessivo! Muito eficiente, tal sistema podia lidar com até 700 centelhas por segundo, quase o dobro da capacidade de um sistema de bobina convencional.

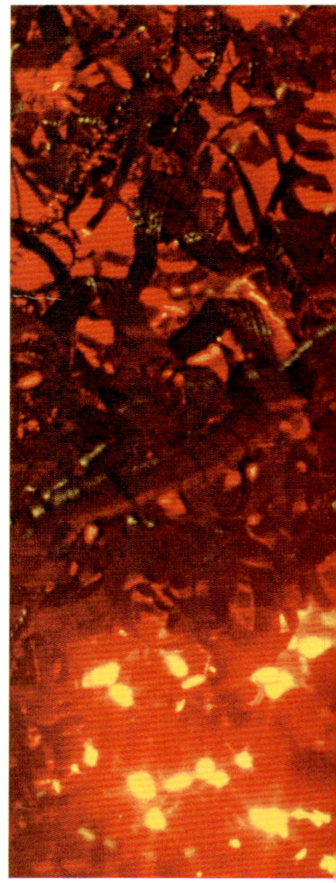

Em detalhes

A atenção aos detalhes no desenho e projeto do motor Jaguar V12 é inacreditável. A foto (à direita) mostra um exemplo – a roldana de comando das borboletas dos carburadores, de desenho soberbo. Duas outras características incomuns e agradáveis eram o resfriador de óleo incorporado e o sistema de recirculação de fluxo de combustível para impedir problemas de bloqueio por vapor.

Os engenheiros da Jaguar também atentaram às necessidades de manutenção, proporcionando excelente acessibilidade.

"A gênese do Jaguar V12"

Tão importante era o motor V12 para a Jaguar que a companhia se esforçou ao máximo para produzir um catálogo especial, intitulado "A gênese do Jaguar V12", explicando a prática e os detalhes de engenharia do motor. Em forte contraste com seus catálogos de vendas de meados dos anos 1960, esse documento foi desenhado e produzido com altíssimo padrão. Na verdade, é o catálogo mais elegante já produzido pela Jaguar.

Sua característica mais impressionante ficou por conta de uma ilustração em cores do motor visto em corte, impressa em oito folhas de acetato. A ideia era que as pessoas pudessem levantar as folhas uma por uma e ver progressivamente o interior do motor, todo ele desenhado em excelentes detalhes. As legendas numeradas permitiam identificar todos os componentes.

Esta era uma peça de marketing e propaganda importante e que funcionava muito bem, tanto como parte do comunicado de imprensa original do novo E-type como depois para todos os modelos futuros que utilizassem o motor. É interessante que, apesar do alto custo de impressão do catálogo, a Jaguar deve tê-lo impresso em grandes quantidades porque até hoje há exemplares dele disponíveis.

Na abertura, a declaração do fabricante dizia tudo: "A apresentação de um motor inteiramente novo de um grande fabricante é, sem dúvida, um acontecimento raro e, portanto, adquire uma importância tão grande quanto – se não maior – a que envolve até mesmo um novo carro. Quando esse motor vem de uma organização como a Jaguar, de reputação internacional em desenho e projeto de motores de alto desempenho para automóveis, o lançamento adquire uma importância ainda maior para a indústria automobilística".

Uma Série 3 de seis cilindros?

Mesmo depois do lançamento do E-type Série 3, a Jaguar manteve a intenção de fabricar uma versão de seis cilindros junto com o V12. Acredita-se que três carros tenham sido produzidos, mas a produção normal foi descartada porque o motor antigo teria dificuldade em proporcionar um desempenho adequado à nova carroceria.

Por ironia, a Jaguar já havia passado por isso antes. Em 1948, quando o XK120 foi lançado, ela pretendia oferecer uma versão mais barata, com motor de quatro cilindros. Isso também deu em nada!

Instalando o motor

Embora o sedã XJ fosse sempre considerado o carro mais importante a receber o motor V12, a glória de ser o primeiro a utilizá-lo coube ao E-type. Percebeu-se como era importante do ponto de vista estratégico que o E-type fosse atualizado o mais rápido possível, e uma quantidade razoável de trabalho teve de ser dedicada à reengenharia do carro para que pudesse receber o motor.

O primeiro problema foi como encaixar o V12 em seu monobloco e subconjuntos já existentes. Depois, havia questões de resistência estrutural, já que o V12 era mais pesado e gerava mais potência. Outros aspectos de engenharia – freios, suspensão, rodas e assim por diante – teriam de ser aprimorados para uma versão do E-type com motor V12. Por fim, restavam os aspectos de praticidade de produção e serviços de manutenção.

O motor V12 era mais largo e longo que o velho XK; logo, os quadros de subestrutura teriam de ser redesenhados para incorporar placas triangulares de reforço adicionais. O anteparo à qual as armações eram fixadas também foi aumentado e reforçado para suportar o peso e o esforço. A parte mais alta da armação era fácil de desmontar para melhorar o acesso ao motor e para permitir a sua remoção, quando necessária. Para arcar com o grande aumento do torque, instalou-se um substancioso arranjo de barras de ligação sob o motor.

Preços maiores para a Série 3

	Manual	Auto
Roadster	3.123*	3.283*
Cupê	3.369*	3.530*

Estes preços para o Reino Unido incluem o imposto sobre consumo. Se houvessem sido fabricadas as variantes de seis cilindros, um cupê custaria 3.113 libras, bem mais, portanto, que o equivalente da Série 2, que saía de linha a 2.642 libras.

*Valores em libras.

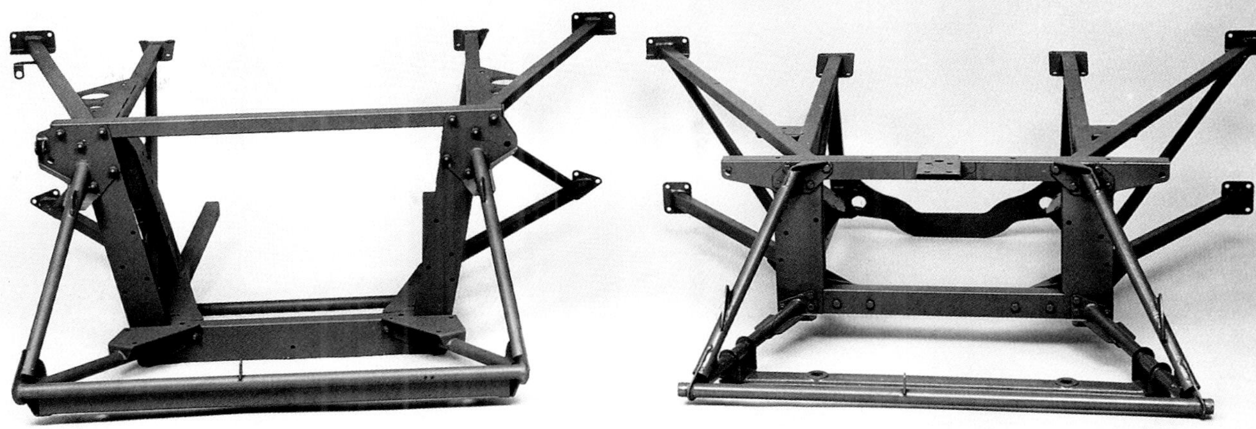

Diferenças de subchassi

Esta comparação mostra o subchassi dianteiro nas formas da Série 3 (à esquerda) e da Série 2 (à direita). Como a versão da Série 3 precisava ser mais forte para suportar o tamanho e o peso extras do motor V12, ele formava uma estrutura mais alta e tinha placas triangulares presas aos tubos superiores. Aumentava-se o reforço onde a armação se fixava ao anteparo.

Hora do lançamento

Pela primeira vez na história do E-type, o novo modelo foi apresentado antes nos EUA, em 25 de março de 1971, no Salão de Nova York.

Coincidindo com a apresentação, um filme promocional em preto-e-branco foi rodado no Reino Unido, narrado pelo conhecido jornalista automobilístico Raymond Baxter. No filme, os projetistas do motor descreviam sua lógica e os detalhes de sua engenharia. A vantagem da configuração V12 foi resumida nas palavras do próprio Walter Hassan: "Nós queríamos vender muito nos Estados Unidos, então percebemos que ele tinha de ser bem melhor que o motor V8 comum, usado regularmente por lá. O doze-cilindros foi, obviamente, uma boa escolha. Do ponto de vista técnico, ele é excelente e tem um funcionamento muito suave [...]".

Roadster de distância longa entre eixos

Muitos entusiastas teriam preferido ver o E-type da nova geração com um modelo novo de carroceria, mas isso não aconteceria por questões de custo e tempo. Em vez disso, a Jaguar adaptou o modelo do antigo para se adequar às exigências das modificações, de forma que o carro combinasse os elementos essenciais do desenho original a uma inconfundível nova aparência.

As mudanças mais notáveis ocorreram na distância entre eixos e no comprimento do carro. A empresa aumentou a distância entre eixos do 2+2 em 230 mm em relação à plataforma de série – universal para o novo E-type –, tornando o roadster uma versão de distância longa entre eixos, modificação que também havia sido considerada para a Série 2. Como no caso da alternativa do cupê, aquele seria agora sempre um 2+2.

No lugar das rodas raiadas, rodas de aço de fixação por parafusos e do mesmo tipo antes disponível nos modelos da Série 2 como opcional passaram a ser de série. Nos carros da Série 2, eram apenas pintadas de prateado, mas equipadas com sobrearos cromados. Por um preço extra (mas de série nos EUA), rodas cromadas podiam ser fornecidas. Rodas raiadas com cubos estriados ainda podiam ser especificadas, mas também a custo extra. Os pneus eram, mais uma vez, Dunlop, do tipo SP Sport que equipava o Jaguar XJ6 e de medida E70 VR 15.

Postura ampla

A bitola foi aumentada em 108 mm na frente e em 76 mm na traseira, embora parte desse aumento se devesse ao uso de rodas com aros de tala de 6 pol., mais largos. Para acomodar essas rodas e seus pneus de seção mais larga, os quatro arcos das rodas receberam extensões nas bordas.

Boa parte da reformulação da Série 2 foi feita na parte de trás. Um emblema "V12" foi aplicado na traseira, abaixo de uma abertura de saída de ar cromada na tampa traseira, no caso do cupê.

Uma impressionante característica da traseira da Série 3 eram as quatro ponteiras de escapamento, depois modificadas para duas apenas. O sistema de escapamento ainda era duplo, mas seu desenho ficou diferente para se adequar ao motor V12. Dois curtos tubos de escapamento de cada bancada de cilindros passavam a um único, de 50,8 mm de diâmetro por bancada, através de uma caixa de união. Esses tubos principais se interconectavam por meio de um tubo de equilíbrio antes de seguirem para os dois silenciadores principais, depois, para um só silenciador traseiro e, por fim, saindo pelo leque de quatro tubos na traseira.

Aquela cara nova

O aspecto frontal renovado da Série 3, visto em um carro em teste de alta velocidade na pista superelevada da MIRA.

A boca do capô, que já tinha ficado maior na Série 2, foi aumentada de novo para melhorar o fluxo de ar para o grande motor V12. Pela primeira vez em um E-type, havia uma grade de radiador – não muito apreciada. Um jornalista a descreveu como “o cruzamento de gaiola com um ralador de queijo”.

Visto de cima

Apesar do maior comprimento do roadster, não havia espaço para equipá-lo com bancos traseiros de uso ocasional. Em vez disso, tinha um compartimento de bagagem atapetado sob a tampa do bagageiro e mais espaço de armazenamento na plataforma criada pela tampa articulada do compartimento.

Acompanhando o para-brisa modificado visto pela primeira vez nos modelos 2+2 da Série 2, o do roadster era mais inclinado e agora só necessitava de dois limpadores.

Melhores freios e suspensão

A geometria antiafocinhamento, baseada no XJ6, foi empregada na suspensão dianteira com o reposicionamento das montagens dos braços triangulares superiores e inferiores. Nos superiores, foram aplicadas rótulas Sli-Flex seladas, de lubrificação permanente. Nos inferiores, o ajuste da barra de torção para alterar a altura de rodagem era feito com um excêntrico.

Para suportar o peso extra e o desempenho do E-type Série 3, os freios tiveram de ser dotados de uma melhor refrigeração. Os discos dianteiros passaram a ser ventilados, enquanto os traseiros, embora permanecendo sem ventilação, eram mantidos mais frios com as tomadas de ar metálicas instaladas na parte de baixo da carroceria.

À espera do F-type

O redator deste anúncio publicitário para o novo E-type Série 3 jamais poderia ter imaginado que mais de trinta anos se passariam até que o F-type surgisse!

“No ritmo em que estamos indo, teremos que percorrer o alfabeto inteiro”, era a conclusão da propaganda.

Especificações

MOTOR

Descrição
Bloco de alumínio em liga LM25 com face superior aberta, camisas úmidas em ferro fundido. Virabrequim de sete mancais forjado EN16T endurecido. Cabeçotes de liga leve, face plana, com uma só árvore de comando de válvulas, blocos de tuchos separados.

Cilindrada
5.343 cm³

Diâmetro e curso
99 mm x 70 mm

Taxa de compressão
9:1

Potência máxima
272 cv a 5.850 rpm

Torque máximo
42 kgfm a 3.600 rpm

Carburadores
Quatro Zenith-Stromberg 175CD do tipo baixa-emissão

DESEMPENHO

	Roadster	Cupê
Veloc. máxima	235 km/h	228 km/h
0-80 km/h	4,7 s	4,9 s
0-96,5 km/h	6,4 s	6,8 s
0-160 km/h	15,4 s	16,4 s
0-402 m	14,2 s	14,6 s
Consumo médio	5,1 km/l	5,3 km/l

DIMENSÕES

	Roadster	Cupê
Comprimento	4,67 m	4,67 m
Largura	1,68 m	1,68 m
Altura	1,22 m	1,29 m
Distância entre eixos	2,67 m	2,67 m
Bitola dianteira	1,38 m	1,38 m
Bitola traseira	1,35 m	1,35 m
Distância mínima do solo	152 mm	152 mm
Peso	1.437 kg	1.472 kg

FREIOS

Dianteiros
Discos ventilados Girling, tipo ponte de 279 mm de diâmetro

Traseiros
Discos Girling, tipo ponte de 254 mm de diâmetro, montados internamente entre as semiárvores de tração e o diferencial

Operação
Duplo circuito hidráulico Dunlop; servo a vácuo Lockheed

Freio de estacionamento
Alavanca central e soltura instantânea, operando por meio de pastilhas independentes nos discos traseiros; autoajustável

TRANSMISSÃO

Caixa de câmbio
Manual, de quatro marchas sincronizadas, ou automática Borg Warner Modelo 12

Relações (manual)

1ª	2,93:1
2ª	1,90:1
3ª	1,39:1
4ª	1,00:1

Cardã
Hardy Spicer com duas seções deslizantes

Eixo traseiro
Salisbury hipoide de deslizamento limitado, montado no subchassi da suspensão traseira

Relações de diferencial
3,07:1 (3,31:1 e 3,54:1 opcionais)

DIREÇÃO

Tipo de sistema
Pinhão e cremalheira

Número de voltas entre batentes
3,5

Diâmetro de giro
10,9 m

Volante
Aro de couro, três raios de liga metálica, diâmetro de 381 mm

SUSPENSÃO

Dianteira
Independente, braços triangulares transversais superpostos, barras de torção com amortecedores telescópicos. Barra estabilizadora atrelada aos braços triangulares inferiores; geometria antiafocinhamento

Traseira
Independente, braço transversal inferior articulado nas mangas de eixo e subchassi. Semiárvores de tração com juntas universais, duas molas helicoidais com amortecedores telescópicos concêntricos em cada lado. Tudo montado num subchassi fixado à carroceria por buchas de borracha e tensores duplos

RODAS E PNEUS

Rodas
15 pol. em aço 6K pintadas, com fixação por parafusos, com sobrearos de acabamento e calotas (rodas de aço cromadas ou de 72 raios eram opcionais)

Pneus
Dunlop E70 VR15

Opção automática

Com o E-type roadster agora com uma distância entre eixos mais longa, tornou-se possível estender a opção de câmbio automático também a entusiastas que gostavam de sentir o vento no rosto. A caixa de câmbio, uma Borg Warner Modelo 12, muito mais suave, podia ser fornecida a preço extra. O câmbio permitia a seleção de uma posição convencional "D" (drive) ou "2" ou "1", escolhas que davam maior flexibilidade ao habilitarem mudanças em aceleração parcial entre as marchas "2" e "3".

Para carros com câmbio manual, a caixa de quatro marchas fabricada pela Jaguar foi mantida. Ela ainda podia administrar o torque adequadamente, embora fosse antiquada pelos padrões da época e os movimentos da alavanca de câmbio fossem "gelatinosos". Uma embreagem de diâmetro maior, com 266 mm, foi utilizada para adequação ao torque extra.

Aprimoramentos no interior

Não havia muito que a Jaguar pudesse fazer com o interior do E-type, dadas as suas dimensões restritas e o formato da carroceria. No entanto, tratando-se de um novo modelo, algumas mudanças tinham de ser feitas, e a mais importante delas foi abaixar levemente o assoalho para melhorar o espaço para as pernas e o conforto.

Embora os bancos fossem os mesmos dos modelos da Série 2, eles agora tinham apoios de cabeça como equipamento de série. Uma estrutura redesenhada permitia uma inclinação maior do encosto, e o reposicionamento da alavanca de controle facilitou o acesso dos passageiros aos bancos traseiros no cupê de teto fixo.

Pela primeira vez desde o lançamento do E-type, o volante de direção foi modificado. Menor (com 381 mm de diâmetro) e com aro de couro, o volante Springall manteve a disposição de três raios em cálice para reduzir a possibilidade de ferimentos em caso de acidente; o cubo tinha uma figura em relevo simples. Outra mudança importante foi a adoção de direção servoassistida de série para todos os modelos. Civilizado, talvez, mas será que agradaria ao motorista esportivo?

A coluna de direção era de duas partes, com seções telescópicas pinadas com náilon, com função retrátil para atender às exigências federais dos EUA. Para a cremalheira da direção, foi utilizado um novo tipo de suporte com borracha colada, com as extremidades superior e inferior viradas em ângulo reto para restringir movimentos paralelos.

Os catálogos da Série 3

No lançamento, em março de 1971, o E-type foi promovido tanto por meio de catálogos de páginas múltiplas como de folhetos. Estes eram peças simples em formato paisagem, utilizando várias fotos e a capa do catálogo maior, de mais prestígio.

O catálogo em si tinha o formato retrato, com uma capa preta e uma abordagem bastante simplista da Série 3. Nenhum comentário sobre como o carro era fantástico ou mesmo novo, e pouca ênfase no motor V12.

O desenho do catálogo parecia combinar com a então enfadonha abordagem feita pela British Leyland no lançamento de novos carros. Várias fotos eram utilizadas em estilo álbum, mas pouco ajudaram o carro. Com apenas cerca de cem palavras em 16 páginas, não havia muito que descobrir sobre este supostamente emocionante novo modelo da linha Jaguar. Como numa tentativa de economia de custos, o catálogo foi feito em uma só edição nos idiomas inglês, francês, alemão e italiano. Deve ter sido produzido numa etapa inicial, já que a natimorta ideia de uma versão de seis cilindros da Série 3 era também abordada.

O talento criativo da empresa deve ter se exaurido no maravilhoso catálogo "A gênese do Jaguar V12", mostrado na página 123! Nos EUA, todavia, um catálogo bem melhor mostrava o E-type surgindo de grandes portões de ferro batido e dava maior ênfase ao novo motor V12.

Um lento início de fabricação

Este desenho de bico de pena do artista Gordon Horner, da *Autocar*, é uma cena um pouco fantasiosa da fábrica Browns Lane da Jaguar nos primeiros dias de fabricação do E-type Série 3. Observe o tamanho exagerado do emblema da tampa traseira!

O fato de a produção ter demorado a deslanchar ajudou os concessionários a desovar seus estoques de carros da Série 2 que não haviam sido vendidos na época. Durante os seis primeiros meses, todos os carros da Série 3 fabricados eram cupês, embora a procura pelo roadster fosse maior.

Um verdadeiro grã-turismo

O novo E-type 3 é visto aqui, na versão cupê, numa estrada montanhosa em North Wales, como que para enfatizar a imbatível capacidade do carro com motor V12 de percorrer grandes distâncias.

Produção de 1971

Roadster	340
Cupê	3.406
Total	**3.746**

1972
Duas novidades de uma vez

Sorte e infortúnio

Este foi um ano incrível para a Jaguar em vários aspectos. O motor V12 havia sido lançado e as vendas dos E-types Série 3 estavam tendo um bom começo. E seria também o ano do jubileu de ouro da Jaguar, com grandes comemorações em Coventry pelo 50º aniversário do início da empreitada, em Blackpool. Nessa época, Sir William Lyons tinha 71 anos, mas era ainda muito atuante na companhia que fundara.

No lançamento do XJ12, o sedã carro-chefe da empresa tinha por fim recebido o motor que sempre fora destinado a ele. Uma revista chamou o XJ12 de "o melhor carro do mundo" (um título supostamente exclusivo do Rolls-Royce), e o novo modelo recebeu a distinção de "carro do ano".

Isso foi, de certa forma, ofuscado pelas terríveis disputas trabalhistas que ocorreram naquele ano. Em seu momento mais acirrado, elas causaram a paralisação total da produção da Jaguar durante mais de cinco semanas. E, como se isso não bastasse, em 1972 a British Leyland assumiu o controle total da indústria automobilística britânica – a Jaguar deixou de existir por algum tempo como um empreendimento independente por direito próprio.

A reputação do E-type Série 3, não obstante, continuava em ascensão.

Números da produção em 1972

Roadster	1.711		
Cupê	1.994	**Total**	**3.705**

As vendas de roadsters estavam sempre aumentando, enquanto as do cupê haviam chegado ao máximo e a demanda começava a diminuir no final do ano. A maioria dos seus aficionados pareceu aceitar o roadster, uma vez que o 2+2 não tinha um estilo tão agradável.

O roadster renovado

A maior distância entre eixos do roadster Série 3 não afetou as boas proporções do carro. No máximo, o aumento fez o carro parecer mais baixo que o modelo que saía de linha – apesar da altura um pouco maior em relação ao solo. Até o capô parecia de certa forma mais comprido. Além de uma cabine mais espaçosa, com uma distância entre eixos maior, foi possível aumentar o tamanho das portas, facilitando a entrada e saída do carro.

O que a imprensa disse

Na maioria, as reportagens sobre o E-type Série 3 foram críticas. O maravilhoso motor V12 foi aclamado, mas não o carro em si. A situação foi influenciada pela esmagadora resposta entusiasmada ao Jaguar XJ6, que acabou ofuscando o E-type aos olhos dos jornalistas.

Os comentários de Roger Bell na *Motor* foram um exemplo: "Vai ser uma surpresa – para não dizer um desapontamento – para a rapaziada saber que o desempenho da Série 3 é pouco melhor, se tanto, que o do E-type original com motor de 3,8 litros... Haverá uma frustração ainda maior com o fato de o carro parecer o mesmo de dez anos atrás".

A *Car and Driver* fez um comentário mordaz sobre sua primeira impressão do novo modelo, que talvez resuma os problemas do monólito corporativo do qual a Jaguar agora era parte: "A British Leyland finalmente nos deixou dar uma olhada; ele estava imprensado entre um Austin America e um MGB laranja-vivo... Sem cornetas ou tambores para anunciar a apresentação [...]". Essa apresentação do carro por uma publicação mensal americana dizia que "A Jaguar se aproxima cada vez mais do seu objetivo de oferecer um Ferrari pela metade do preço".

O primeiro teste completo de um Série 3 saiu na *Road & Track*, em uma longa avaliação: "Ele ainda seria bom pelo dobro do preço!" No teste, a revista disse muitas coisas boas a respeito do carro, mas ressaltou vários problemas de motor que ocorreram com os dois exemplares testados. Ao final, no entanto, o valor deste E-type foi estimado em seu sumário: "Olhando por este lado, pelo preço de qualquer outro V12 com comando de válvulas no cabeçote fabricado em qualquer outra parte do mundo, você pode comprar um Jaguar conversível com câmbio manual para se divertir, mais um Jaguar 2+2 com câmbio automático para seu transporte e, de quebra, um E-type seis cilindros que tenha sobrado para as crianças. É uma oferta imbatível!"

Nos EUA, o carro custava a partir de 7.400 dólares. Mesmo com todos os opcionais (inclusive câmbio automático e ar-condicionado), não chegava a 8.500 dólares – cerca de 12.000 dólares mais barato que um Ferrari!

O primeiro teste de rua completo na Grã-Bretanha foi feito pela *Autocar*, e, como a maioria das reportagens, criticou o aquecimento e a ventilação insuficientes, os interruptores elétricos antiquados e a falta de um desempenho mais emocionante. Os comentários finais da revista foram: "O refinamento mecânico do motor Jaguar não é igualado por qualquer outro carro, não obstante seu preço ou nicho de mercado, mas essa qualidade foi alcançada com o sacrifício de um desempenho melhor, de forma que o motor V12 parece pouco diferente do emocionante carro superesporte E-type original".

Mais tarde, ainda em 1972, a *Road & Track* dedicou outra edição ao E-type e declarou na manchete: "Um motor magnífico numa carroceria ultrapassada". Esta revista americana muito bem conceituada realmente atacou o V12, e algumas de suas críticas foram: "A instalação do motor V12 exigiu outro conjunto do que se tornou uma série de estiramentos e alargamentos desde aquele primeiro E-type [...] Acima de tudo, o desenho carece do apelo esguio do E original [...] O interior apresenta o mesmo tema de utilidades básicas, e é levemente marcado por mudanças e falta de mudanças [...] O sistema de ventilação é antiquado e os controles, risíveis. É preciso a paciência de Jó, a sensibilidade de Michelângelo e um diploma de engenheiro para que se consiga decifrá-los e operá-los [...] A cabine não tem o espaço e conforto dos projetos mais modernos [...]".

Mas não existiram apenas as más notícias dos críticos. Os modelos da Série 3 tiveram uma boa resposta em outras áreas, em especial porque passaram a ser considerados carros grã-turismo na melhor tradição, mais que verdadeiros carros esporte.

Rodas raiadas ainda disponíveis

As rodas raiadas foram mantidas como opcionais por preço extra, com pneus de banda branca, se especificados. As rodas ainda eram estriadas e, como as da Série 2, tinham porcas-borboleta sem orelhas, que eram apertadas e soltas com uma chave de roda gigante que vinha no estojo de ferramentas.

Um novo teto rígido

O teto rígido instalado (página ao lado), ainda feito de plástico reforçado com fibra de vidro, teve de ser redesenhado para se adequar à maior distância entre eixos do roadster, e incorporou aberturas laterais para extração de ar da cabine. Era disponível de fábrica somente em preto-acetinado, que parece muito elegante em um carro equipado com rodas de aço cromadas.

O cupê renovado

Embora muitos considerem a estética da Série 3 menos agradável do que a Série 1 original, as rodas e os pneus mais largos e os arcos das rodas com extensões ainda pareciam certos. Os modelos anteriores, de fato, tendiam a aparentar um visual de bitola um pouco estreita.

Modificações na produção em 1972

Mudanças nos E-types V12 ao longo da produção foram inevitáveis. A Jaguar até experimentou um câmbio manual de cinco marchas que não chegou a sair na época devido aos custos.

No começo de 1972, a montagem do freio de estacionamento foi modificada para que as mesmas peças pudessem ser utilizadas nos carros com volante à direita e à esquerda. Um motor de partida e um pinhão renovados foram implantados a partir de maio e um suporte adicional foram aplicados no coletor de admissão dianteiro para a parte da frente do protetor de chuva do motor.

Em março, os controles do aquecedor e do afogador foram redesenhados, e, em abril, foram instalados olhais de fixação em cada extremidade do carro, para facilitar o transporte. No mesmo mês, difusores de ar com alavancas de controle foram acrescentados à cabine. Isso foi tudo o que a Jaguar pôde fazer para melhorar o deficiente sistema de ventilação e aquecimento sem ter de redesenhá-lo por completo.

Na mesma época, a trava da direção da marca Britax foi também trocada pela Waso. Um sistema de alarme de cinto de segurança passou a equipar os carros destinados aos EUA, e, para atender a novas regulamentações de segurança, o banco traseiro tinha de ser fixado na posição vertical. Os carros para os mercados dos EUA e do Canadá passaram a ter controle remoto para os espelhos retrovisores externos.

Em junho, capas de mancais redesenhadas permitiram eliminar o furo de alimentação de óleo, e, em agosto, foi introduzido um resistor de lastro de circuito impresso. Um sistema de mangueiras de água simplificado foi adotado em outubro juntamente com um novo conjunto de bomba-d'água.

No final do ano, um sistema de combustível selado passou a equipar o carro, e os mancais principais foram renovados com casquilhos melhorados.

Fabricando a Série 3

Esta cena na cabine de pintura da fábrica de Browns Lane da Jaguar mostra como os E-types e os sedãs XJ eram fabricados na mesma linha.

A produção em 1972 permaneceu em ritmo moderado, mas a procura pela Série 3 nos EUA estava boa. Estimava-se que mais de 70% dos carros produzidos estavam seguindo para os Estados Unidos nessa época – exatamente o que a Jaguar pretendia. A característica de grã-turismo do novo E-type, com certeza, era o que os compradores americanos queriam.

O grande problema que afetou a produção foi a greve de cinco semanas no meio do ano. Com isso, a Jaguar deve ter deixado de produzir até 20% do total anual, em uma época de pico de vendas.

Acessórios para o E-type

Acessórios para o E-type continuaram a ser fabricados. A maravilhosa visão do alto de um cupê mostra as proporções generosas de um teto solar Tudor Webasto.

Um porta-bagagem preso à tampa do porta-malas do roadster é muito útil para complementar a sua limitada capacidade de levar bagagem.

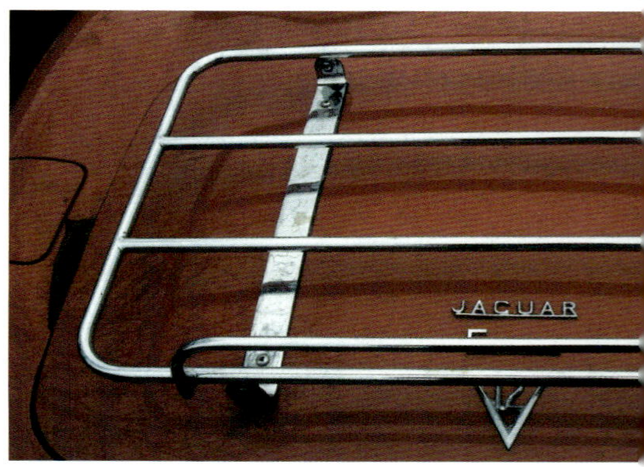

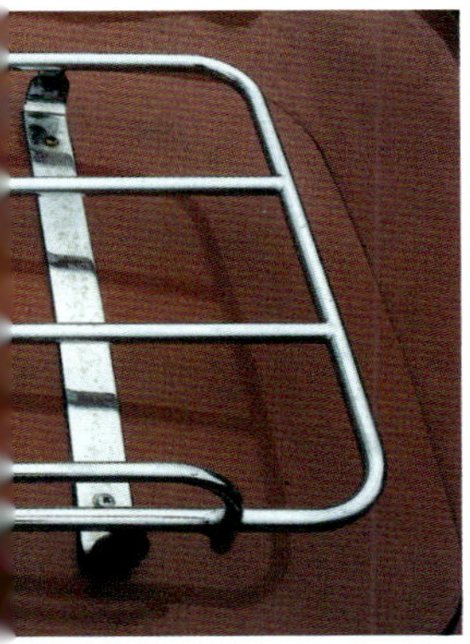

O E-type Série 3 e seus concorrentes

Modelo	Veloc. máxima	0-80 km/h	48-80 km/h	Consumo (km/l)	Preço
Jaguar V12 Roadster	235 km/h	4,7 s	6,0 s	5,3	3.123
Ferrari 246GT	236 km/h	5,5 s	7,8 s	6	5.471
Porsche 911E	218 km/h	5,5 s	10,4 s	6,7	4.827
Citroën SM	217 km/h	7,8 s	11,5 s	5,6	4.688
BMW 3.0 CSi	207 km/h	6,0 s	7,5 s	6,7	5.299
Marcos 3.0-litre	201 km/h	5,7 s	6,0 s	7,4	2.574
Lotus Plus 2S	196 km/h	6,5 s	8,4 s	7,8	2.627

*Valores em libras.

Como se pode observar, o Jaguar se coloca bem em termos de desempenho e valor pelo preço.

1973
A crise do petróleo e as regulamentações

Esse foi um ano problemático para a Jaguar sob vários aspectos. “Lofty” England, funcionário de carreira da empresa por muitos anos, era diretor-gerente, mas uma série de mudanças na British Leyland levou Geoffrey Robinson à chefia dos negócios como presidente. Ele tinha grande esperança de aumentar em 100% a produção em dois anos e insinuou um investimento de 60 milhões de libras no futuro da companhia.

Tudo isso foi refreado pelo começo da crise do petróleo, que atingiu mais duramente os fabricantes de carros com motores grandes – inclusive a Jaguar. Como se isso não bastasse para reduzir as vendas e o entusiasmo, um maior endurecimento da regulamentação federal dos EUA acabou afetando o E-type Série 3.

Como a crise do petróleo afetou a Jaguar

A crise do petróleo causou sérios problemas para a companhia e o E-type em especial. Enquanto a maioria dos fabricantes com amplas linhas de modelos fabricava motores de vários tamanhos e podia transferir o foco da produção para carros menores, um fabricante como a Jaguar não tinha como fazer isso.

No Reino Unido, um limite nacional de velocidade de 80 km/h foi imposto, e a gasolina, racionada. Com os motoristas tendo de fazer fila nas bombas toda vez que precisavam encher o tanque, de repente, tornou-se antissocial ser visto dirigindo um carro com motor de doze cilindros como o E-type. Naquela época, esse carro ainda era considerado viável para uso no dia a dia – e não como hoje, quando muitos carros exóticos são de lazer e ficam na garagem enquanto seus donos vão para o trabalho em carros mais econômicos.

Depois das greves na indústria automobilística britânica, e em particular na Jaguar, a companhia havia se preparado para aumentar a produção e o E-type estava sendo fabricado em maior quantidade bem quando a crise do petróleo causou uma queda nas vendas. Os totais produzidos em 1973 aumentaram mais de 25% em comparação ao ano anterior, mas os carros haviam começado a se acumular nos pátios das concessionárias.

O alto consumo de combustível do E-type – abaixo de 5,3 km/l com uma condução mais vigorosa – foi o motivo principal da queda nas vendas. Também nos EUA, o carro estava adquirindo a reputação imerecida de ter um motor problemático, o que se devia muito mais à má manutenção, feita por mecânicos sem experiência em lidar com um motor complexo como aquele.

Números da produção de 1973

Roadsters	3.165
Cupês	1.521
Total	**4.686**

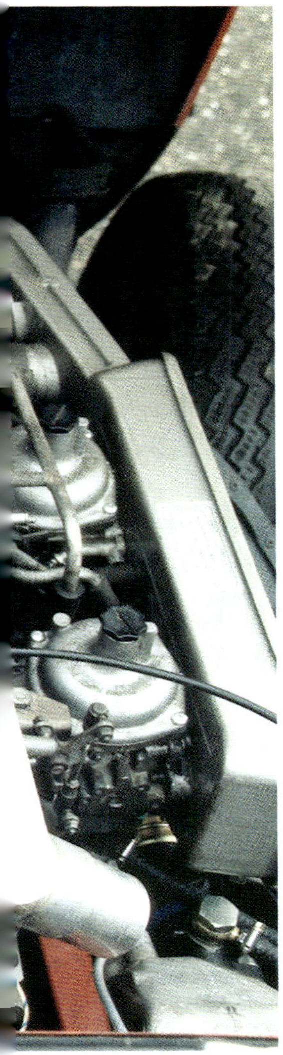

Adeus ao cupê

Este foi o último ano em que o cupê 2+2 seria fabricado, embora a Jaguar continuasse a promovê-lo ao visitar de novo o avião de mesmo nome da companhia para uma sessão de fotos e lotar o carro de bagagem para outra! O último exemplar foi fabricado em outubro de 1973 – mas os carros permaneciam sem compradores por vários meses.

As vendas do cupê haviam caído, e o estilo da Série 3 no formato fechado nunca foi muito apreciado. Sob a nova legislação que entraria em vigor em 1974, todos os modelos cupê teriam de incorporar exigentes características de segurança que a Jaguar não poderia atender com o E-type. De qualquer forma, a procura pelo cupê era baixa nos EUA.

Ar-condicionado e outras mudanças

O sistema de ar-condicionado adotado para os carros de especificação americana foi estendido aos modelos do Reino Unido pela primeira vez, já que podia ser adaptado aos carros com volante do lado direito – embora a foto mostre um modelo de exportação. Mas esta não era a solução final para as queixas sobre aquecimento e ventilação insuficientes que perseguiam o E-type, especialmente com o avanço de outros fabricantes com eficientes sistemas de climatização total. Embora o sistema pudesse gerar certa quantidade de ar gelado, ele ainda não era muito eficiente em comparação aos padrões estabelecidos por alguns carros americanos.

Várias outras modificações em detalhes foram feitas para refinar a Série 3, um processo iniciado em janeiro de 1973 com uma revisão do conjunto de direção de pinhão e cremalheira. Ao mesmo tempo, novos modelos de rolamentos de agulha foram aplicados na caixa de câmbio. Em fevereiro, um interruptor termostático a vácuo foi introduzido no ramal do tubo de gás refrigerante do ar-condicionado dos modelos de direção do lado direito, eliminando mangueiras associadas.

No mesmo mês, a Jaguar realizou mudanças em relação às emissões determinadas pela legislação federal, reduzindo o desempenho do motor V12. As alterações envolveram um novo sistema de injeção de ar com uma bomba do tipo palheta acionada por correia em V a partir da polia da bomba-d'água. Isso impulsionava o ar através de tubos individuais para os gases queimados abaixo das válvulas de escapamento, garantindo a queima completa.

Em fevereiro e março, a bobina e o resistor de lastro foram realocados no compartimento do motor para facilitar o acesso, e uma nova montagem do filtro de gasolina passou a ser utilizada, eliminando a torneira de combustível. Nos modelos com câmbio automático, a caixa Borg Warner Model 12 foi substituída por uma versão mais atual, que já era usada no XJ12.

Em abril, os dutos de refrigeração instalados próximos aos freios traseiros foram redesenhados para aumentar sua distância do solo, pois eram muitas vezes danificados, limitando sua capacidade de dispersar o excesso de calor dos freios quando muito utilizados. Até aquele momento, eram fornecidos como itens separados para instalação pela concessionária durante a revisão de entrega, mas passaram a ser instalados na fábrica durante a montagem.

As mudanças realizadas no motor em 1973 incluíram a instalação de árvores de comando de válvulas de perfil remodelado para o mercado canadense, uma montagem aprimorada da bomba de óleo com uma nova carcaça, e o amortecedor do virabrequim antes utilizado somente no XJ12.

A partir de outubro, a caixa de câmbio recebeu mais alterações, com sincronização modificada e uma nova contra-árvore.

Comentários na imprensa em 1973

A imprensa era em sua maioria ainda bastante favorável à Série 3 – embora a mídia considerasse que o E-type havia "se tornado fraco". Como observou um jornalista que testou o roadster em 1973: "O E-type com o motor V12 é o resumo do que os jornalistas britânicos queriam dizer com 'carro civilizado'". Apesar dos comentários inevitáveis sobre os controles federais e a iminência do fim do motor a combustão interna, uma simples, mas significativa declaração foi feita: "O Jaguar V12, sem dúvida, o melhor motor já produzido pela indústria automobilística britânica, será sempre lembrado como um relevante marco divisório do projeto de motores".

A revista *Autocar* reavaliou a Série 3 em 1973, depois do teste de longa duração do roadster. Ela achou que o modelo mais recente ainda conservava muito da sua aura de reverência e das vantagens do carro original, em especial se tratando da reação do público. A revista ainda estava muito contente com o desempenho geral do carro, apesar do aumento de 22% no peso em relação à Série 1. Na verdade, naquela época, a maioria dos demais fabricantes havia desistido de seus modelos esportivos, deixando o E-type praticamente sozinho nessa faixa de mercado. As críticas foram dirigidas ao modelo de teto de lona, mais difícil de levantar e mais baixo que o dos modelos anteriores, além de ser feito com um material que rasgava facilmente. O porta-malas foi considerado adequado apenas para uma mala e algumas roupas soltas, mas as dobradiças eram tão protuberantes que pegavam em qualquer coisa que fosse

Visita real

Fotografado no exterior da área de recepção da fábrica de Browns Lane da Jaguar, o príncipe Michael de Kent recebe seu E-type V12. Ao seu lado, está F. R. W. "Lofty" England, que começou a trabalhar na Jaguar em 1946, comandou as vitórias nas corridas dos anos 1950 com os C-type e D-type, e, por fim, foi alçado ao cargo de diretor-gerente em 1973.

Garota Penthouse

Em 1973, um E-type roadster foi oferecido como prêmio para a Garota do Ano da revista *Penthouse*. A sortuda foi "Cherokee", cujo nome verdadeiro era Cathryn Louise Barrett. Seu carro de especificação americana está equipado com as garras de para-choque tipo "impacto para 8 km/h", que se tornaram obrigatórias nos EUA em 1974.

colocada no fundo. A revista também criticou a capacidade do tanque de combustível para um carro com motor V12, comentando que a maior parte do combustível se esgotaria em menos de três horas numa viagem longa.

A revista australiana *Modern Motor* também adorou o carro, embora o criticasse por seus equipamentos antiquados, com comentários como "os controles e os interruptores elétricos são os piores que pode haver em qualquer carro" e "o sistema de ventilação já é obsoleto para um carro dos anos 1950, que dirá dos 1970".

Apesar dos defeitos, a maioria dos jornalistas ainda gostava muito do E-type. A combinação do nome Jaguar, o estilo curvilíneo e o maravilhoso motor V12 ainda formavam um conjunto imbatível. Toda essa cobertura da mídia era da versão roadster: nenhum cupê havia sido testado por uma revista de automóveis desde a estreia da Série 3.

Aumento de preços

Em 1973, o preço de todos os carros havia aumentado, em especial o do E-type.

Roadster	3.638* (manual)	3.827* (auto)
Cupê	3.924* (manual)	4.113* (auto)

*Valores em libras.

Embora o E-type fosse bem equipado, o vidro traseiro aquecido passou a ser opcional a custo extra e as rodas de aço pintadas, com fixação por parafusos, permaneceram de série.

1974 Edição especial de despedida

Apesar do aumento da produção da Jaguar, mais uma vez, em 1974, o último ano do E-type, as vendas não estavam acompanhando a produção e vários concessionários relatavam ter um número razoável de carros não vendidos em estoque, para constrangimento geral. Além disso, a estratégia de comercialização da British Leyland determinou que os concessionários MG e Triumph em todo o mundo passassem a vender também os carros Jaguar. Isso não foi bom para a imagem de um carro esporte caro como o E-type – então, mais que nunca, em desvantagem comparativa com carros de fabricação doméstica e estrangeiros mais baratos, como o Chevrolet Corvette Stingray.

Saindo por cima

Somente o roadster foi fabricado em 1974, ano final de produção do E-type. Considerando a queda nas vendas e o fim iminente do modelo, os números alcançados foram altos, para surpresa de todos.

Em janeiro, 580 roadsters foram fabricados – a Jaguar nunca produzira tantos E-types em um só mês. Março também teria sido um mês recordista, não fossem alguns problemas de disponibilidade de peças. Daí em diante, a produção foi declinando lentamente até setembro, quando os últimos carros saíram da linha de montagem. A produção total de 1974 chegou a 2.759 exemplares.

Esses últimos carros foram difíceis de vender, e o marketing teve de entrar em ação. A Jaguar veiculou anúncios em cores em várias revistas internacionais. Sessões de fotos especiais foram feitas e, pela primeira vez na marca, houve até um comercial de TV, nos EUA. Uma ação foi também organizada com a grife Dior para promover o carro e as roupas em conjunto.

Poucas mudanças internas

Apesar de tantas mudanças aparentes no E-type em seus tempos finais, houve poucas mudanças internas. O desenho do painel de instrumentos permaneceu idêntico ao longo de toda a produção, e apenas o volante permitia distinguir imediatamente a Série 3 da Série 2.

O federalismo volta a atacar

A Jaguar estava tendo cada vez mais dificuldades para adaptar o E-type às regulamentações mais rígidas sobre emissões e segurança dos EUA. E mais regras que afetavam o modelo entraram em vigor em 1974, e a empresa não teve opção além de lutar para atender às exigências.

Uma das novas regulamentações determinava que os carros deveriam suportar um impacto frontal ou traseiro a 8 km/h sem sofrer danos. A única opção a um custo razoável era utilizar amortecedores superdimensionados deformáveis Nordel, feitos de borracha densa – um ato de vandalismo contra o carro! Na dianteira, eles eram presos ao chassi, e na traseira, foi necessário instalar uma seção de reforço de aço estampado no monobloco, para distribuir a força do impacto por uma área maior (a foto da traseira, a propósito, mostra as ponteiras de escapamento duplas mais recentes). Outras mudanças menores ainda tiveram de ser feitas na instalação do motor para adequá-lo às exigências de emissões atualizadas.

Tudo isso levou a mais um aumento no peso do E-type, que envelhecia e também custava caro à Jaguar em termos de tempo de trabalho dos engenheiros e custos relativos a vendas.

Participando de corridas

No entanto, parecia que nem tudo estava perdido para o E-type nos EUA quando a divisão de vendas e marketing da companhia decidiu apoiar duas equipes que correriam cada uma com um Série 3 naquele ano, na classe Produção B de corridas realizadas pelo Sports Car Club of America (SCCA). A Jaguar patrocinou as equipes de corrida Grupo 44 (foto) e Huffaker Engineering.

Os carros, correndo na costa leste (Grupo 44) e na oeste (Huffaker), começaram em agosto, já no meio da temporada, e, mesmo assim, conseguiram resultados excelentes. Bob Tullius (Grupo 44) venceu cinco de suas seis corridas e Lee Mueller (Huffaker) obteve três vitórias em quatro largadas. Ambos venceram seus campeonatos, respectivamente, pelos estados do Nordeste e do Pacífico Norte.

O fim da linha

O último Jaguar E-type da edição especial preta saiu da linha de montagem em setembro de 1974. Gerando surpresa, o anúncio oficial do fim da produção do E-type só foi feito pela Jaguar em fevereiro de 1975, cinco meses depois, para permitir aos concessionários esgotar os estoques existentes. Como o substituto do E-type (o XJ-S) ainda não estava pronto para ser lançado, foi melhor manter o E--type vivo pelo maior tempo possível.

Edição especial

Na tentativa de incentivar as vendas no final de 1974, a Jaguar resolveu comercializar os cinquenta últimos carros fabricados como edições especiais comemorativas dos catorze anos de produção do E-type. Os carros da edição especial, todos roadsters, foram pintados na cor preta, tinham o interior marrom-claro e vinham com equipamentos de série, inclusive rodas de aço cromadas. Na verdade, havia apenas 49 roadsters pretos, já que o 50º fora pintado de verde Racing.

Como uma marca de distinção e individualidade, cada carro ostentava uma placa especial de bronze no painel de instrumentos com a assinatura de Sir William Lyons e o número do chassi. O último exemplar de todos, visto aqui na pista superelevada da MIRA, está agora em poder da Fundação do Patrimônio Jaguar Daimler, e tem uma versão especial da placa.

Por 3.812 libras, esses carros não eram caros, considerando o que proporcionavam.

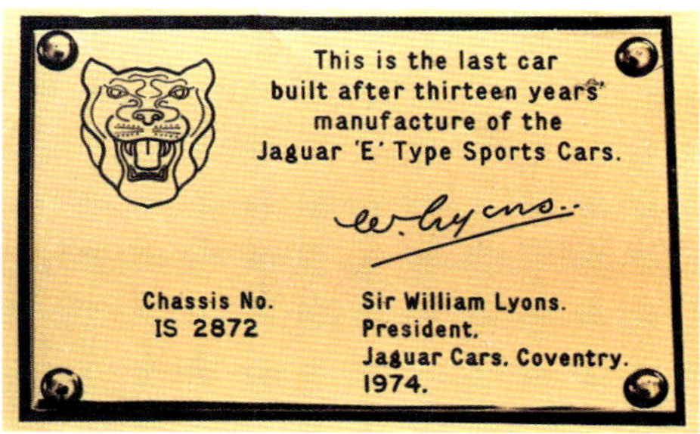

Orgulho e tristeza

O último de todos os E-types produzidos é visto com a equipe de funcionários em Browns Lane, com fileiras de sedãs XJ ao fundo. O carro recebeu o registro HDU 555N e tinha o chassi número IS 2872.

A Jaguar havia trabalhado duro para manter o E-type de acordo com o que o público queria e uma legislação cada vez mais restritiva, mas, ao final, o E-type se aposentou com classe. Pelo fato de ter sido um grande sucesso, seu substituto, o XJ-S, teria de ser muito especial.

Em catorze anos, a produção total do E-type foi de 72.507 carros, em três séries.

Pós-escrito

Demonstrando o respeito nutrido pelo E-type mesmo depois de seu fim, o último carro feito pela Jaguar, de propriedade da empresa, foi muitas vezes utilizado para fins promocionais. Aqui, ele aparece em 1986, junto à nova linha de montagem, instalada para a produção do então novo XJ40. O XJ6 original estacionado atrás era o carro pessoal de Sir William Lyons.

Um carro famoso

Um tributo merecido ao E-type foi a restauração do antigo carro de desenvolvimento de Michael Kilgannon, registrado como 77 RW, e mostrado neste livro. Quando ele retornou à fábrica de Browns Lane, em 2001, onde todos os E-types foram produzidos, integrantes das equipes de produção passada e atual vieram dar-lhe as boas-vindas.

Produção total da Série 3, 1971-1974

Roadster	VD*	1.871
	VE*	6.119
Cupê	VD*	2.115
	VE*	5.182
Total		**15.287**

*Valores em libras.

Produção total do E-type, 1961-1974

Série 1	3,8-litros	15.496
	4,2-litros	22.916
Série 2	4,2-litros	18.808
Série 3	5,3-litros	15.287
Total		**72.507**

Encontro de aniversário

Com o soberbo museu da Fundação do Patrimônio Jaguar Daimler ao fundo, E-types e seus apaixonados proprietários se reuniram em Browns Lane, em março de 2001, para comemorar o 40º aniversário do lançamento original do carro, em Genebra.

A lenda impressa

Eis apenas alguns dos livros sobre o E-type produzidos durante anos – e você está com outro nas mãos! Todos os catálogos, testes de rua, reportagens de revistas e homenagens em jornais feitos ao longo dos anos chegam a algo em torno de 10.000 artigos sobre o ícone da Jaguar.

E-TYPES DE CORRIDA

ONTEM E HOJE

MEMBRE

Os Leves e outros E-types de corrida

Na época do lançamento do E-type, a lembrança da participação da Jaguar em corridas ainda influenciava os negócios, embora o fabricante não tivesse mais um departamento de competições oficial. Com outras marcas competindo na época, em particular a Aston Martin com o DB4 e a Ferrari com seu 250 GT, dando apoio de fábrica, parecia uma consequência natural para a Jaguar aceitar o desafio com o E-type. No começo, a iniciativa privada obteve algum sucesso nos circuitos de clubes, e, nesse ínterim, a companhia trabalhava em uma versão mais leve do carro.

A era dos E-types leves foi curta e doce. A Jaguar fez uma corajosa tentativa de vencer a Ferrari em seu próprio jogo, mas a arma escolhida pelo fabricante italiano – o lendário 250 GTO – se mostrou um páreo duro. Embora os E-types leves tenham obtido alguns resultados satisfatórios, eles nunca atenderam às altas expectativas da Jaguar.

No começo

Embora o E-type seja um carro desenvolvido a partir do D-type de corrida dos anos 1950, ele nunca foi promovido como um verdadeiro carro esporte. Em vez disso, a Jaguar o divulgava como um grã-turismo. Ele era mais suave, silencioso e andava melhor que o XK150, que estava saindo de linha, e o cupê também tinha mais espaço para bagagem; então, com esses atributos, o novo modelo era de forma apropriada anunciado como um grã-turismo. Mas o E-type era e tinha a aparência de um verdadeiro carro esporte.

A Jaguar havia se retirado das corridas no final dos anos 1950, embora tenham permanecido na fábrica algumas pessoas com conhecimento e interesse de manter um certo envolvimento nas competições, para ajudar proprietários particulares em eventos de clubes de corridas. A Jaguar, portanto, nunca pretendeu envolver de verdade o E-type em nenhuma atividade de corrida.

No entanto, em questão de semanas após o lançamento oficial do carro em Genebra, já se viam esses modelos competindo com êxito em corridas de clubes. A primeira vez foi em Oulton Park. No circuito de Cheshire, em 16 de abril de 1961, Graham Hill pilotou um deles e saiu vencedor em sua corrida de estreia, uma acirrada competição de marcas com a Aston Martin e, em especial, a Ferrari, enquanto outro E-Type, de propriedade de John Coombs (um concessionário Jaguar que tinha uma bem-sucedida equipe de corrida) e pilotado por Roy Salvadori, ficou em terceiro lugar. Depois disso, no mês seguinte, Salvadori obteve uma vitória com o E-type de Coombs em Crystal Palace, superando Jack Sears, no carro com o qual Hill havia vencido em Oulton Park.

Outra corrida emocionante foi realizada em julho, na disputa do Troféu do Império Britânico, em Silverstone, quando Bruce McLaren chegou ao final da corrida com o E-type bravamente classificado em segundo lugar, atrás do Ferrari 250 GT SWB de Stirling Moss.

No continente europeu, durante 1961, a carreira de competições do E-type começou pelas mãos de Mike Parkes, que terminou em segundo lugar em Spa, atrás de um Ferrari. Em agosto daquele ano, durante o Grande Prêmio Europeu em Nürburgring, Peter Sargent e Peter Lumsden chegaram em sétimo na corrida de GT.

Embora tudo isso parecesse promissor, estava claro que E-types nunca seriam realmente competitivos em corridas internacionais porque tinham acabamento de série e eram mais pesados e menos potentes que os carros de corrida preparados. No entanto, alguns dos primeiros Jaguares saíram da fábrica um pouco preparados e foram fornecidos a pilotos importantes que competiriam com eles. Um desses carros, o exemplar de John Coombs, registrado como BUY 1, teve apoio da Jaguar para o seu desenvolvimento e, no momento certo, se tornou a cobaia para o trabalho em um verdadeiro exemplar de corrida, resultando nos de fato E-types Leves.

Em 1962, o carro modificado de Coombs, agora registrado como 4 WPD, conquistou o segundo lugar na corrida de GT em Oulton Park, e o terceiro lugar na disputa do Troféu Internacional, em Silverstone. O E-type Sargent/Lumsden também foi modificado, aparecendo com um capô de alumínio e um

A data é 16 de abril de 1961, e é a primeira vez que os E-types participam de uma corrida, em Oulton Park, com Ron Salvadori mostrando ao vencedor final Graham Hill o caminho através de Old Hall.

teto rígido fastback na corrida dos 1.000 km de Nürburgring, que foi abandonada por causa da suspensão quebrada.

A Jaguar teve um retorno um tanto precipitado a Le Mans em 1962, com três E-types mal preparados; dois eram cupês (um dos quais havia sido preparado para o americano Briggs Cunningham), e o outro era o Sargent/Lumsden especial. No início, as coisas pareciam ir bem para a Jaguar, até que um carro parou por defeito no motor. O especial, após uma boa largada, perdeu três marchas, mas, ainda assim, conseguiu chegar ao final em quinto lugar. O melhor colocado foi o de Cunningham, em quarto lugar; o carro depois foi levado para os EUA, onde correu em algumas ocasiões apenas.

Enquanto os E-types Leves se destacavam nas corridas internacionais no começo dos anos 1960, os concorrentes independentes continuaram se esforçando com seus E-types de série. Um deles era Dick Protheroe, que já havia corrido com modelos Jaguar Tojeiro e HWM antes de adquirir seu E-type (licenciado CUT 7), um carro que se mostrou bem-sucedido para ele. Sua melhor vitória com um E-type de série foi em Silverstone, no encontro Aston

Acima: A largada de apresentação do primeiro E-type, em Snetterton, em 1961, em meio a um grande sortimento de competidores, como Lotus Elite, Turner, Morgan e Big Healey.

Abaixo: Uma apresentação inicial em Snetterton, em 1961, com Peter Sargent em seu primeiro E-type (compartilhado com Peter Lumsden), que foi depois modificado para Le Mans com um teto aerodinâmico; o carro é visto à frente de um Aston Martin DB4GT Zagato.

À direita: Em Brands Hatch, em 1962, na largada para o Troféu Peco, com E-types lado a lado na frente de um Chevrolet Corvette e um Ferrari 250 GTO.

Martin Owners Club Martini, quando saiu vitorioso de uma dura competição com um bem preparado Aston Martin Zagato pilotado por Mike Salmon. Outro independente era Robin Sturgess (da concessionária Jaguar Sturgess, de Leicester), que em apenas um ano competiu em nada menos que 22 corridas – com seu carro de demonstração da concessionária! Ken Baker, entretanto, conseguiu doze vitórias com seu E-type em 1962.

Os EUA eram um importante mercado para a Jaguar, e o E-type se mostrou um incrível sucesso de vendas lá, onde o carro também correu bastante, e o mais prolífico competidor foi Merle Brennan, com um carro preparado pela Huffaker Engineering. Competindo durante três anos nas corridas do Sports Car Club of America, ele obteve nada menos que 39 vitórias.

Abaixo: Em Le Mans, em 1962, o E-type de Briggs Cunningham teve um desempenho muito bom, classificando-se em quarto lugar.

À direita: O E-type de John Coombs, dos primeiros fabricados (originalmente licenciado como BUY1), que, como 4 WPD, se tornou o carro de desenvolvimento para os Leves.

A formação de um campeão mundial

Um dos pilotos de corrida dos primeiros E-types foi um jovem escocês chamado Jackie Stewart. Seu carro era uma versão de série sem modificações, utilizado durante a semana para demonstrações na oficina da família. Visto na foto abaixo, o carro participa de corridas até hoje.

Fotografado na fábrica de Browns Lane em 1962, o Cupê de Baixo Arrasto foi desenvolvido pela Jaguar com uma carroceria aerodinâmica baseada num desenho de Malcolm Sayer.

O Cupê de Baixo Arrasto

Dick Protheroe, que competiu dirigindo E-types (primeiro, um roadster, depois um cupê que logo foi destruído), comprou da Jaguar um carro de corrida único, conhecido como "Cupê de Baixo Arrasto", desenvolvido com base em um desenho do especialista em aerodinâmica Malcolm Sayer. Esse carro, na verdade, marcou o nascimento de uma pequena família de E-types especiais de competição, que viriam a ser conhecidos como os "Leves".

O trabalho com o Cupê de Baixo Arrasto começou em 1961, e aquele era de um lote de seis carros projetados, mas foi o único a ser concluído. A especificação compreendia cárter seco, motor com taxa de compressão de 9,5:1, cabeçote de grande ângulo de válvulas, volante mais leve e câmbio sincronizado. A carroceria aerodinâmica foi construída em aço de bitola leve; e o capô, as portas e a estrutura dos bancos, feitos em alumínio; as janelas eram em acrílico. Uma das características aerodinâmicas do desenho do carro era o teto rígido leve, em alumínio, um desenho que foi escolhido alguns anos depois por Peter Lindner para o E-type com carroceria cupê que aparece em fotos de estúdio neste capítulo. O carro, que pesava apenas 992 kg, tinha uma leve semelhança com o contemporâneo Ferrari 250 GT, que servira de exemplo para Sayer desenvolver o desenho.

Protheroe tomou posse do carro em 1963 e obteve sucesso em sua primeira competição, uma corrida para protótipos GT e esportivos, em Reims, preliminar do Grande Prêmio da França. Embora um protótipo Ferrari tenha vencido, Protheroe terminou em segundo lugar e saiu vitorioso na classe GT, batendo fortes competidores, inclusive vários Ferrari 250 GTO.

A corrida de estreia do Cupê de Baixo Arrasto realizou-se em Reims, onde Dick Protheroe terminou em segundo lugar e ganhou na classe GT – uma conquista fantástica.

Os Leves se inscrevem

A Jaguar planejava fabricar dezoito E-types Leves, mas acabou construindo apenas doze para corridas internacionais. O primeiro carro concluído foi o de Coombs, o 4 WPD, bem modificado e como um padrão para os outros onze. Os carros foram construídos ao longo de dez meses, em 1963, e entregues um a um à medida que ficavam prontos.

Todos os doze E-types Leves eram roadsters com volante de direção no lado direito, feitos com grande preocupação com a leveza. A estrutura era ainda baseada nos carros de série feitos em aço, mas o monobloco, os painéis externos da carroceria e o teto rígido que os equipavam eram feitos em alumínio. As únicas partes estruturais que permaneceram de aço foram as armações dianteiras do motor e a suspensão.

Os carros também eram equipados com rodas de liga leve de porcas-borboleta do mesmo tipo usado nos D-types nos anos 1950.

As especificações dos E-types Leves eram muito semelhantes, mas várias alterações e modificações foram feitas para atender às exigências dos proprietários.

O resultado final foi que os E-types Leves ficaram cerca de 110 kg mais leves que os convencionais com carroceria em aço.

Os doze Leves

Carro	Proprietário	Número do chassi	Placas
Número 1	John Coombs (R. Unido)	S850006	4 WPD
Número 2	Briggs Cunningham (EUA)	S850659	5115 WK
Número 3	Kjell Qvale (EUA)	S850660	–
Número 4	C. T. Tommy Atkins (R. Unido)	S850661	86 PJ
Número 5	Peter Lindner (Alemanha)	S850662	4868 WK
Número 6	Peter Lumsden (R. Unido)	S850663	49 FXN
Número 7	Briggs Cunningham (EUA)	S850664	5114 WK
Número 8	Briggs Cunningham (EUA)	S850665	5116 WK
Número 9	Peter Sutcliffe (R. Unido)	S850666	YVH 210
Número 10	Bob Jane (Austrália)	S850667	–
Número 11	Dick Wilkins (R. Unido)	S850668	2 GXO
Número 12	Phil Scragg (R. Unido)	S850669	PS 1175

Mais potência

Não havia páreo para as especificações de motor. Os motores XK renovados obtinham bem mais de 300 cv quando ajustados.

A cilindrada de 3.781 cm³ de série foi mantida, mas o bloco foi fabricado em liga de alumínio – e poderia causar problemas. Um cabeçote de grande ângulo continha árvores de comando de válvulas de grande levantamento e válvulas de admissão e escapamento maiores. O virabrequim nitridado tinha um amortecedor de vibração, e as bielas eram estampadas com liga EN16. Os mancais da cabeça da biela em chumbo-índio eram utilizados com pistões Brisco de cabeça desenhada para promover esmagamento, submetidos a raios X. Outra característica foi a lubrificação por cárter seco.

O motor recebeu injeção mecânica Lucas e foi equipado com borboletas de aceleração individuais e seis grandes cornetas. Uma bomba elétrica Lucas jogava combustível à pressão de 6,9 bar.

Aproveitado do E-type de série, o sistema convencional de arrefecimento não tinha ventilador de refrigeração.

Foram usados dois tipos de caixa de câmbio. Uma foi a caixa Jaguar de série, mas com câmbio de relações próximas (2,98:1, 1,75:1, 1,21:1 e 1,00:1). A alternativa era uma caixa ZF de cinco marchas, peça mais pesada que agravava os problemas com o bloco em alumínio do motor. O trem de transmissão tinha volante mais leve e embreagem de competição.

Um eixo traseiro convencional foi usado com um diferencial de deslizamento limitado. A relação normal de 3,54:1 podia ser modificada para adequar-se a circuitos individuais.

A suspensão e os freios aprimoraram-se após o trabalho feito no carro de Coombs. A suspensão dianteira permaneceu quase inalterada, embora os pontos de montagem houvessem sido mudados. Partes da traseira foram reforçadas, algumas vindas do sedã Mark X. As barras de torção e as estabilizadoras eram mais duras.

Os discos de freio foram aumentados para 285 mm na frente e 262 mm na traseira, onde foram instaladas entradas de ar para auxiliar a refrigeração.

Peter Lindner (à esquerda) e Peter Nöcker com o conhecido E-type Leve 4868 WK de Lindner, antes de a Jaguar convertê-lo em um Cupê de Baixo Arrasto em meados de 1964.

Lindner sofreu ferimentos fatais quando, sob chuva, seu E-type Leve saiu da pista em Montlhéry, em 1964.

O trágico acidente Lindner/Nöcker

A fotografia colorida neste capítulo mostra o Leve Número 5 restaurado, propriedade do importador alemão Peter Lindner e pilotado em associação com Peter Nöcker. No início, um E-type Leve de aparência convencional que, ao ser preparado para a prova das 24 Horas de Le Mans, em 1964, foi modificado para a forma Cupê de Baixo Arrasto pela fábrica. Seu desempenho na corrida, no entanto, foi decepcionante, pois o carro nunca chegou próximo aos limites e acabou abandonando por superaquecimento de motor.

Mais tarde, naquele ano, Lindner morreu em um acidente durante a prova 1.000 km de Montlhéry, próximo a Paris. Muitos anos depois, peças recuperáveis dos destroços do carro destruído foram utilizadas na construção de uma nova versão, com um monobloco Leve de reserva.

MEMBRE

Reduzido ao mínimo

Enquanto a maioria dos E-types Leves tinha um teto rígido de alumínio separado, a versão Lindner/Nöcker foi planejada como um carro fechado, de linhas semelhantes às do E-type cupê de série. A tampa do porta-malas deste carro não tem uma abertura de ventilação voltada para a traseira, como a de vários outros Leves. A junção dos painéis com rebites expostos era outra característica notável do carro.

Para maior leveza, itens de acabamento externo que não eram essenciais foram dispensados nos E-types Leves – daí a ausência de para-choques.

Grande autonomia

Para assegurar uma boa autonomia em corridas de longa distância, o porta-malas era tomado por um tanque de combustível aumentado, com um bocal de enchimento no estilo Le Mans, que saía pela carroceria.

Capô seguro

Travas de capô do estilo do D-type eram complementadas por cintas de couro para eliminar qualquer risco de o capô se abrir com o carro em velocidade.

STACK

O interior ficou "pelado" para reduzir o peso, e até os cintos de segurança foram considerados itens extras. Os tapetes foram retirados e os bancos tinham estrutura de liga leve.

Mais como de série

Comparado a outros carros, o Leve Número 4 mantinha um formato bastante parecido com o de um roadster de série. Licenciado como 86 PJ, foi vendido novo a C. T. "Tommy" Atkins e correu em 1963 pilotado por Roy Salvadori. No ano seguinte, Roger Mac o adquiriu e teve bastante sucesso competindo com ele, e é visto na frente com um AC Cobra, em Silverstone.

Mais experiências aerodinâmicas

O Leve Número 6 foi modificado ao longo de sua carreira. No início, os proprietários Peter Sargent e Peter Lumsden corriam com o carro, licenciado como 49 FXN, com carroceria convencional, até ocorrer um grave acidente, em Nürburgring, em 1963. Como o carro precisava ser reconstruído, aproveitou-se a oportunidade para tornar sua carroceria mais aerodinâmica, desenvolvida pelo dr. Samir Klat, do Imperial College, em Londres. A característica mais notável, que punha o carro à parte de outras versões de cupê aerodinâmicas, era o nariz alongado. No entanto, o carro renovado, que aparece em Goodwood em 1964, nunca alcançou o sucesso esperado.

Mais sucessos nas corridas

Um dos três E-types Leves inscritos por Briggs Cunningham nas 24 Horas de Le Mans em 1963, este é o carro de Roy Salvadori/Paul Richards passando pela Tertre Rouge. Sua participação na corrida terminou com um acidente, mas o carro associado, pilotado pelo próprio Cunningham (com Bob Grossman), chegou em nono lugar.

Enquanto inscritos particulares com carros mais ou menos de série continuavam a competir nos anos 1960, os Leves estavam na ribalta. A primeira de todas as participações de um verdadeiro Leve foi na corrida 12 Horas de Sebring, nos EUA, em 1963, quando um carro preparado pela Huffaker Engineering chegou em sétimo lugar; outro Peso Leve havia largado na corrida, mas abandonou por problemas nos freios.

Em contraste, no Reino Unido, em 1963, Graham Hill, pilotando o carro agora totalmente Leve de John Coombs, venceu em Silverstone, Snetterton, Goodwood e Mallory Park, com Roy Salvadori obtendo segundas colocações com outro Leve. Os Leves competiram também na corrida dos 1.000 km de Nürburgring, mas não conseguiram chegar ao final.

Em 1963, as corridas de GT no Reino Unido eram dominadas pelos E-types pilotados por Ken Baker e Roger Mac, quando um novo nome, Jackie Stewart, começou a ser notado. Ele, como tantos outros pilotos de E-type, havia começado a competir com um carro de demonstração da oficina da família!

Na corrida de Le Mans em 1963, o americano Briggs Cunningham participou com nada menos que três E-types Leves. Um deles teve de abandonar por problemas no câmbio, e outro se acidentou. O terceiro carro, pilotado pelo próprio Briggs Cunningham, com o copiloto Bob Grossman, estava tendo um desempenho muito bom, até que um problema nos freios o obrigou a parar. Levado ao boxe para reparos, retornou à pista e terminou a corrida num honroso nono lugar.

Ainda na Europa, mas desta vez em Reims, Dick Protheroe enfrentou com seu Leve a força das Ferraris e conquistou o segundo lugar geral, vencendo na classe GT.

O ano de 1964 não foi bom para os E-types Leves (nem para os Ferraris). Eles foram ofuscados pelo desempenho de um novo competidor, o AC Cobra, e, assim, a breve história dos E-types Leves nas corridas chegou ao final.

Acima: Peter Sutcliffe em Reims, seguido por um Ferrari 250 GTO.

À esquerda: Uma cena típica de corridas de clubes, em 1963, no circuito de Brands Hatch.

Abaixo: O jovem Jackie Stewart competindo com um dos primeiros E-types, outro carro que existe e compete ativamente até hoje.

Acima: Bob Tullius no E-type V12 do Grupo 44 competindo em Lime Rock, Connecticut, EUA, durante sua temporada de sucessos em 1975.

O E-type de corrida preparado pela Huffaker Engineering e pilotado por Lee Mueller.

O V12 ataca nos EUA

Devido ao seu alto consumo de combustível, o E-type Série 3 não alcançou o volume de vendas esperado no importante mercado dos EUA. Num esforço para promover o carro, a Jaguar North America, então controlada pela British Leyland, obteve permissão e patrocínio suficiente para convencer duas organizações de corrida a competir com o E-type na série de campeonatos do Sports Car Club of America.

Roger Bighouse comemora uma vitória na corrida em 1976, em Nelson Ledges, Ohio, EUA, no E-type de seis cilindros que competiu pela equipe Gran Turismo.

A primeira equipe, Grupo 44, estabelecida na costa leste, era liderada pelo piloto Bob Tullius, que tinha experiência considerável pilotando carros Triumph. Na costa oeste, foi escolhida a Huffaker Engineering, que tinha bastante experiência com vários carros, em especial com os MG. O próprio Joe Huffaker foi um dos primeiros proprietários de E-type, que modificou e com ele venceu 39 corridas num período de dois anos.

Para adaptar o motor V12 para competição, os principais esforços foram na melhoria do fluxo de óleo contra as forças geradas em frenagens severas e curvas em alta velocidade.

Na parte de cima, foi feito o retrabalho e o polimento dos dutos dos cabeçotes, além da instalação de molas de válvulas reforçadas. Adotaram-se novos pistões especiais e as bielas foram aliviadas. Um volante de liga e uma embreagem reforçada também passaram a ser utilizados. Já o restante dos componentes do motor, e mesmo o câmbio, mal foram modificados, chegando ao ponto de serem mantidos os carburadores Stromberg originais. Nessa configuração, o motor desenvolvia até 450 cv.

Somente em agosto de 1974, as equipes Grupo 44 e Huffaker completaram os carros, que foram lançados naquele mês, com a temporada de corridas já começada. Os carros logo mostraram seu potencial. Tullius conseguiu uma série de quatro vitórias seguidas, e Lee Mueller, piloto do carro da Huffaker, também obteve quatro vitórias e um segundo lugar. Esses resultados deram a Tullius e Mueller o título do Campeonato Regional da Classe Produção-B, mas eles ainda tinham de competir na grande final em Road Atlanta, em novembro daquele ano. Enfrentando a dura competição do Corvette Sting Ray, o carro da Huffaker, infelizmente, teve um pneu furado, mas Tullius seguiu em frente e perdeu a corrida por apenas um segundo.

O ano seguinte foi ainda melhor para os E-types V12, que venceram um total de dez corridas, assegurando ambos, mais uma vez, suas posições para a grande final. Na prática, foi Mueller quem fez o melhor tempo para a largada, mas, na volta para o alinhamento, seu diferencial travou, terminando a corrida antes que tivesse começado! O carro do Grupo 44, por outro lado, saiu vencedor da corrida de dezoito voltas e garantiu a Tullius o título de Campeão Nacional.

Em 1976, Tullius continuou competindo com o E-type, mesmo com a produção do modelo encerrada há muito tempo, e com o objetivo da equipe voltado à preparação de um novo XJ-S para corrida – ele ainda conseguiu obter três vitórias com o velho carro naquele ano. Em agosto, os dois V12 competiram pela última vez, em Laguna Seca, Califórnia, no programa anual de corridas automobilísticas Monterey Historic. Nessa corrida, um evento muito ligado à Jaguar, já que os D-types também correram ali, o duelo entre a dupla de V12 deu em nada para o carro do Grupo 44, que teve um pneu furado, dando a vitória ao carro do Huffaker.

Houve competições posteriores nos EUA com E-types de seis cilindros, e a equipe de competição Gran Turismo participou durante vários anos do campeonato da SCCA, com o piloto Roger Bighouse alcançando algum sucesso.

Este é o E-type que correu e venceu pilotado por John Burbidge em ModSports, durante os anos 1970, visto aqui na subida de montanhas em Fintray.

Participação posterior em competições

No final dos anos 1960, vários E-types participavam de outras formas de competição, como subidas de montanhas e provas de arrancada. Além disso, o lançamento de novas categorias de corridas automobilísticas, como as ModSports, deram aos proprietários a oportunidade de modificar bem seus E-types, com rodas mais largas e pneus maiores, painéis de carroceria modificados, feitos de plástico reforçado com fibra de vidro, e o desempenho dos motores XK e V12 melhorados.

As corridas de clubes continuaram e foram depois desenvolvidas para o E-type, inicialmente pelo Jaguar Drivers' Club (JDC) e depois, a partir de 1987, pelo Historic Sports Car Club (HSCC), com o lançamento de um novo campeonato para proprietários de carros esportivos de rua, do qual o E-type podia participar. Dali em diante, surgiram outras séries de corridas e campeonatos, como a Top Hat e eventos realizados pelo Jaguar Enthusiast's Club (JEC).

Para 2011, o 50º aniversário do E-type, até a Jaguar se envolveu e organizou uma série especial de corridas desse carro em circuitos prestigiados. Esses modelos continuam ativos nas competições.

Peter Taylor competindo com um E-type V12 em uma corrida de clubes, nos anos 1980.

Na extrema esquerda: Ron Lea em seu E-type V12 bem preparado, numa corrida de clubes em Silverstone, nos anos 1980.

À esquerda: Típico do período de preparação dos E-types para as ModSports, este carro era propriedade de Peter Griffiths.

Uma corrida de E-types nos anos 1990, com uma série de carros preparados sob a marca Revival; cada carro foi pintado em seu esquema de cores original e vendido a particulares para correr em uma série especial.

O ano é 1991 e esta é uma corrida comemorativa de E-types, em Donington, pelo 30º aniversário do carro.

O sucesso do E-type bastante modificado e muito veloz de Rob Beere (à esquerda) levou à formação de uma nova equipe, a Rob Beere Racing (abaixo), patrocinada pelo Jaguar Enthusiast's Club (JEC).

E-types retornaram com força às linhas de largada, do final dos anos 1970 até os 1990 – aqui é Donington de novo.

Abaixo: O fim de semana Goodwood Revival e a largada para uma corrida de carros esporte GT com E-types se reencontrando com antigos adversários – Cobras, Astons e Ferraris.

A corrida clássica de carros esportivos em Le Mans, em 2006 – os E-types de volta à pista, que é o lugar deles.

À extrema esquerda: Apesar de sua natureza histórica e de seu alto valor, os E-types ainda participam de competições e, às vezes, sofrem um revés temporário – caso do carro pilotado por Adrian Newey e Bobby Rahal, no Goodwood Revival, em 2010.

À esquerda: O E-type do ex-Grupo 44, hoje pertencente ao Jaguar Heritage, ainda faz suas aparições como convidado.

É gratificante ver aqueles históricos E-types de corrida competindo até hoje.

E-TYPE COMPARAÇÃO FOTOGRÁFICA

Cupê da Série 1

Roadster da Série 1

Roadster da Série 1½

Cupê da Série 2

2+2 da Série 2

Roadster de teto rígido da Série 3

Cupê da Série 3

Roadster da Série 3

Índice remissivo

AC
428 81, 114
Ace 27
Cobra 75, 161-162, 170
Greyhound 27
Alfa Romeo Montreal 114
amortecedores de borracha Nordel 143
Anstey, John 88
Appleby, Robert 55
Aston Martin, 170
DB4 27, 150
DB4 GT, 152
DB5 71, 75
DB6 81
DBS 109, 114
Atkins, C. T. Tommy 155, 161
Austin 92
America 133
Austin-Healey 87, 92
3000 27, 71-72, 75, 152

Badalini Transmission Ltd 83
Baily, Claude 120
Baker, Ken 153, 162
Bardot, Brigitte 31
Barker & Co (fabricante de carrocerias) Ltd 83
Barrett, Cathryn Louise "Cherokee" 141
Baxter, Raymond 125
Beatles, The 55
Beere, Rob 169
Bell, Roger 133
Berry, Bob 25
Bertone, fabricantes de carrocerias 88
Bertone, Nuccio 88
Best, George 179
Bighouse, Roger 165
Black & Decker 55
BMW 3.0 CSi 114, 135
Bolster, John 72, 114
Box (brinquedo de metal fundido) 183
Brennan, Merle 153
Bristol
409 81
411 109, 114
British Empire Trophy 151
British Leyland (BL) 92, 111-113, 115, 119, 130, 132, 138, 142, 183
British Motor Corporation (BMC) 76, 84, 87
British Motor Holdings (BMH) 84, 92, 119
British Wool 77
Burbidge, John 166

Cadillac 118
caixa de câmbio Moss 17, 48, 68, 74
câmbio Borg Warner 83-84, 102, 129-130, 140
câmeras Pentax 77
câmeras Polaroid 77
Campbell, Donald 55
Carbodies 12
carburadores
Stromberg 95, 102, 107, 165
SU 16, 42, 50, 69, 84, 95, 102, 107
Weber 151, 181
Zenith-Stromberg 94, 112, 122, 129
Carry On, filmes 55
Catch Us If You Can, filme 55
CF Autos 180
Charrier, Jacques 31
Charteris, Leslie 55
charutos Toledo 77
Chevrolet Corvette 27, 114, 152
Sting Ray 56, 72, 75, 79, 81, 142, 165
Circuitos
Brands Hatch 151, 163
Donington Park 168, 178
Goodwood 161-162, 170-171
Laguna Seca 165
Le Mans 170
Lime Rock 164
Mallory Park 162
Montlhéry 157
Oulton Park 32, 59, 151
Reims 154, 163
Silverstone 151, 161-162, 167, 179
Snetterton 151, 162
Citroën SM 135
Clube de Carros Esportivos da América (SCCA) 144, 164-165
Clube de Carros Esportivos Históricos 166
Coombs, John 32, 151, 153, 155, 156, 162
correios 89
Corridas
24 Horas de Le Mans 7-9, 59, 119, 153, 157, 159, 162
1.000 km de Paris 157
Top Hat 166
Coventry Climax 52
Coventry Diesel Engines Ltd 83
Coventry-Climax Electrics Ltd 83
Coventry-Climax Engines (Australia) Ltd 83
Coventry-Climax Engines Ltd 83
coxins Metalastic 18-19
Cunningham, Briggs 9, 59, 152-153, 155, 162
Curtis, Tony 96

Daimler 52, 90, 92, 118, 120
2,5 litros V8 52
motor V8 119
sedã Majestic Major 119
SP250 27, 71-72, 75
Daimler Company Ltd 83
Daimler Transport Vehicles Ltd 83
Datsun 260Z 114
Dave Clark Five 55
Dewar's, uísque 77
Dewis, Norman 10
diferencial Salisbury Powr-Lok 18
Dinky Toys 182
Dior, moda 142
Dunlop
freios a disco 20, 50, 69, 84, 102, 108, 129
pneus 20, 50, 69, 84, 106, 126, 128, 151
duque de Kent 55

eixo cardã Hardy Spicer 69, 84, 102, 129
embreagem
Borg & Beck 17, 68
Laycock 68
Empress of Canada 54
England F. R. W. "Lofty" 138, 141
Equipe Endeavour 32
equipe Gran Turismo 165
equipe Group 44 144, 164-165, 171
E-type Beacham 181

Faith, Adam 55
Ferrari 170
246 GT 135
250 GT 27, 56, 150-151
250 GTO 150, 163
330 GT 71
Dino 246 114
motor V12 118, 120
Flockhart, Ron 8
Ford
Consul Mk II 11
Mustang 79, 81, 114
Ford, Colin 180
Frazer Nash, cupê 27
freios a disco Girling 102, 108, 129
Frua, fabricante de carrocerias 85

Genebra 178
George, Susan 179
Gordon Keeble 81
Grande Prêmio da França 154
Griffiths, Peter 167
Grossman, Bob 162
Guy Motors Ltd 83
Hailwood, Mike 55
Harrier, avião 110
Harriman, Sir George 84
Harrison, George 55
Hassan, Walter 120, 125
Henlys 58
Henry Meadows Ltd 83
Heynes, William 120
Hill, Graham 32, 151, 162
Holmes, Denis 26
Hooper & Co (fabricante de carrocerias) Ltd 83
Horner, Gordon 131
Huffaker Engineering 144, 153, 162, 164-165
Huffaker, Joe 165
HWM 152

Imperial College, Londres 161
Institute of British Carriage and Automobile Manufacturers 89
Ireland, Innes 55
Iso Rivolta 71
ITC 55
Jaguar 83
C-type 6, 141, 150
D-type 6, 8-11, 13, 17, 19-20, 39, 89, 141, 150-151, 155, 159, 165
E1A 9-10, 38
E2A 9-10, 20
F-type 128
motor V12 119-127, 130, 132-133, 139-141
motor XK 6-10, 14, 16-17, 34, 42, 44-45, 67, 81, 83, 94, 112, 118, 120-121, 124, 156
Pirana 89
sedã 240 112-113
sedã 420G 89, 112-113
sedã Mark 2 7, 20-21, 47, 52, 59-60, 70, 89
sedã Mark IX 10, 16, 151
sedã Mark V 19
sedã Mark VIII 10
sedã Mark X 7, 18, 20, 34, 52, 59, 61, 67, 119, 156
sedã Mk VII 7
sedã S-type 12, 52
sedã XJ12 132, 140
sedã XJ6 47, 79, 90, 102, 106, 112-113, 120, 126, 128, 133, 146
sedãs XJ 18, 124, 134, 145
SS 100 6
XJ13 119-120
XJ40 10, 146
XJ-S 18, 144-145, 181
XK120 6-8, 120, 124
XK140 7
XK150 7-10, 17-18, 20, 45, 78
XK8 37
XKSS 11
Jaguar Cars (Canada) Ltd 83
Jaguar Cars Inc 83
Jaguar Cars Ltd 83-84, 166, 177
Jaguar Cars North America Inc 33, 164
Jaguar Cars of New York Inc 83
Jaguar Drivers' Club (JDC) 166
Jaguar Enthusiasts' Club (JEC) 166, 169, 183
Jaguar Export Sales Ltd 83
Jaguar Heritage 28, 87, 145, 147, 171, 177, 179, 182-183
Jaguar, avião 139
Jaguar-Cummins Ltd 83
Jaguar-Daimler Distributors Ltd 83
James, Sid 55
Jane, Bob 155
Jensen
Intercepter 114
CV8 56, 71
541 27

Kilgannon, Michael 28, 146, 179
Klat, dr. Samir 161

Lagonda 118
Lamborghini
Espada 88-89
motor V12 120
Lanchester Motor Company Ltd 83
Lancia Flaminia 27
Lea, Ron 167
Lincoln 118
Lindner, Peter 155, 157, 159
Lotus
Elan 56, 72, 114
Elite 20, 152
Plus 2S 135
Lucas
faróis 39
sistemas de ignição 122
Lumsden, Peter 151-152, 155, 161
Lyons, Sir William 7, 9-10, 20-21, 25, 38, 40-41, 55, 78-79, 84, 88-89, 120, 132, 145-146

Mac, Roger 161-162
Marcos 3,0 litros 135
Maserati 3500GT 56
McLaren, Bruce 151
Mercedes
230SL 56, 71
280SL 114
motor V8 109
MG 87, 92, 142, 165
MGB 133
Mini 89
Monogram (conjunto de plástico) 183
Monterey Historic 165
Moore, Roger 55
Morgan 152
Morris 92
Moss, Stirling 151
Mueller, Lee 144, 164-165
Mundy, Harry 120

National Benzole 77
Newey, Adrian 171
Newtherm Oil Burners Ltd 83
Nöcker, Peter 157, 159
Nürburgring 152, 161-162

Ogden's Gold Block, tabaco 77
Orbison, Roy 96

Packard 118
painéis Abbey 12
Parc des Eaux Vives 24-25
Parkes, Mike 151
Penthouse, garota do ano 141
Pininfarina 56
pista de testes MIRA 10, 79, 119, 127, 145
pistões Brico 156
Porsche
Super 90 27
911 56, 71-72, 109, 114, 135
Practical Classics, revista 180
Pressed Steel Fisher 12, 76
príncipe Michael de Kent 141
Protheroe, Dick 154, 162

Qvale, Kjell 155

rádios Smith's 77
Rahal, Bobby 171
regulamentações federais dos EUA 91-92, 94, 96, 101, 104-105, 112, 120, 138, 140-141, 143
Richards, Paul 162
Riley 92
Rix, Brian 110
RMS *Queen Elizabeth* 87
Rob Beere Racing 169
Robinson, Geoffrey 138
rolamentos Sli-Flex 128
Rolling Stones, The 108
Rolls-Royce 133
Rover 92, 183

S. Reid Ltd, malas 58
Salão do Automóvel
Britânico (*ver também* Earls Court) 100
Earls Court 6, 26, 64, 80, 89
Nova York 26, 91, 102, 125
Genebra 7, 21, 24-26, 28, 64, 80, 88, 147
Salmon, Mike 153
Salvadori, Roy 32, 151, 161-162
Sanderson, Ninian 8
Santo, O, série de TV 55, 71
Sargent, Peter 151-152, 161
Sayer, Malcolm 8, 10, 20, 154
Scragg, Phil 155
Sears, Jack 151
Sebring 162
servofreio Lockheed 67, 69, 84, 102, 129
Sopwith, Tommy 32
SS Cars Ltd 83
Stewart, Jackie 153, 162-163
Studebaker Avanti 56
Sturgess, Robin 153
subida de montanha Fintray
Sunbeam Trolleybus Company, The 83
Sutcliffe, Peter 155, 163

Taylor, Peter 166
Templar, Simon 55
teste do Ministério dos Transportes (MoT) 109
teto solar Tudor-Webasto 60, 134
Tojeiro 152
trava de direção
Britax 135
Waso 133
Triumph 92, 142, 165
Herald 14
GT6 181
Tullius, Bob 144, 164-165
Turner 152

unidade de servofreio Kelsey-Hayes 20, 45, 50, 67

Vanden Plas 92
"Varney", cartunista 32
vidros escurecidos 91
volante
Bluemels 48
Springall 130
Volvo P1800 27, 55

W. D. & H. O. Wills 77
Which?, revista
Wilkins, Dick 155
Wisdom, Tommy 50
Wolseley 92